目錄

contents

第二篇 技術分析比你想像的還有用

第三篇 結合技術分析和資金管理

推薦序

掌握人生的發球權——重複的力量

國巨電子大中華區業務總經理　史蒂華

我與阿郎認識超過二十年，他眞實生活中的性格靦腆又搞笑，對自己的事要求完美嚴謹，對朋友的事盡責貼心。大陸有網友看了他第一本書，稱他爲「台灣股神」，我在介紹新朋友給他認識時，常拿這個稱謂來開他玩笑，他總是緊張地叫我不要亂講。他認爲自己只是線迷。對呀，他是看線再多遍也不厭倦的線迷。依我認識他二十年來的小小總結，他的力量，的確來自狂熱的技術線形驗證，與重複不斷的練習。一再的驗證，不斷的重複，持續的修正，然後再驗證，再刻意的練習，再重複精髓，再突破。

他的歷程，其實正是一萬小時定律的實踐者。暢銷書作家 Malcolm Gladwell 在《異數》*Outliers : The Story of Success* 書中提出「一萬小時法則」，這一萬小時的累積與練習，就是超凡與平凡的關鍵界線。一般的算法是，一年三百六十五天，每天持續練習三～四小時，大約十年左右，就可以在那個領域卓然有成。

這個一萬小時法則的說法，正是諺語所說「要想人前顯貴，必得人後流淚」的學術版說法。阿郎聽到這個理論，很興奮的推算，他每天開盤時間看盤至少三～四小時，再加上收盤後畫圖與蒐集資料三～四小時，乘上二十年開盤日全勤的作息表，聰明的讀者應該可以算出，線迷阿郎早就累計好幾個一萬個小時了。阿郎還進一步估計，他至少看過二百萬次線形，進出超過二十萬次交易次數，這種操練與專業運動選手的數字應該相去不遠，在這種大量的重複當中，他之於股市已有近乎運動員的反射動作與直覺。

所以嘍！像他這種看山巒稜線起伏也會變成股票線形圖的人，每次市場一有異常，就很容易看到他所謂的「市場的機會開口」來套利。其實這種功力，我們也都有啦，只是看應用在什麼事情上而已。我在二〇〇九年底，初爲開心農民時，每天著迷於定時種菜施肥，有一天赫然發現只要持續澆上急速化肥，本來要等好幾個小時才成熟的植物，竟可在連續施肥下，急速地長大、開花、收成、收金幣。那天，我拚了老命，瘋狂地種菜，死命地施肥。另外，我還買了肥料囤積，準備明天再來擴張田地。

第二天下班後再連上網路，滿心歡喜的用囤積的化肥繼續擴充，也準備再添購化肥，而此時化肥價格漲到有十倍之多，當天晚報與電視新聞竟出現開心農場的巨幅報導，說什麼部分「不肖」農民利用系統漏洞，破壞遊戲公平，不當擴充金幣、經驗值……云云。我知道，我這個菜鳥農民已經不小心變成了「不肖」農民，不過，我只恨自己「不肖」得太少，囤積的化肥有限，雖然，在短短的一天內，我原有貧瘠的六塊農地，一下就擴充到二十幾塊農地，而且金幣與經驗值劇增。

阿郎當時誇獎我，慧眼看出「機會的開口」，我當時也自詡，契機是給天天上網勤奮種菜，而且對價格了然於胸如我的農民才能掌握的。嗯，現在回想起來，我的確初嘗在熟悉的領域中重複行動，偶然洞見套利機會的甜頭；但這種鄉民的網上富貴有什麼好誇耀的，而阿郎卻在眞實股市中練習他的指標準確度，重複的淬鍊出可行的作法，成就他的專業與事業。

不過，所謂的一萬個小時也要有好方法來練習。否則，重複的一萬個一小時，與一小時是沒有差別的。我問阿郎，要淬鍊成專業人士的一萬個小時中，到底是在做什麼呢？他說，是犯錯與修正，是面對無數的失敗經驗中摸索修正之路，因爲惟有透過犯錯和不斷的試驗，才會找到動態的正確答案。

十年磨一劍，如同阿郎般在某個領域的專家或創造性人物，都是經過數十年如一日的努力，經過一次又一次的失敗，在記憶甚至身體中儲存了關於該領域的大量資訊、知識或技術，一次次的重複練習甚至內化成直覺的判斷力，才能夠靈活地應用它來解決問題。這是我在阿郎與其他成功人士身上學到的。重複的力量，簡單、容易入門，但要有紀律的達到一萬小時，卻非常困難。你準備好一萬小時要投入什麼事了嗎？股票、瑜伽、慢跑、快走、外語、游泳？如果你想練習股票操作，阿郎的這本書就告訴你，他的一萬小時重複做了什麼事；至於力量，重複的力量，動力還是在我們自己身上，你準備好了嗎？

謝辭

我的上一本書，原本只是想對自己二十年來的投資生涯做個回顧與整理，並一圓年少時的作家夢，沒想到推出後造成轟動。

最感謝的是讀者，你們在網路上的留言，我持續在看，不管是批評的或期許的，都是我寫這本書的材料和動力。

這本書是史蒂華小姐、陳怡甄小姐、徐禎傳先生和我等原班人馬再度合作，我們反覆討論了五年多，非常感謝他們。

我有一些操作上參不透的道理，大多靠史小姐用她在企業實務上的經驗來點醒我。她認爲股市交易者就像貿易商，買是爲了要賣。貿易商不是去蒐集他認爲最好的商品，而是要揣摩下一手有人會出更高價的商品；雖然難免買到滯銷品，但他會認賠、變現。

甚至，連她在玩開心農場時，因爲抓住系統漏洞，快速地賺了一筆開心農場金幣後，遊戲公司馬上修改玩法來防堵漏洞的經驗，也讓我領悟到：股票市場就像開心農場，無效率市場所產生的機會開口常很快又關起來，惟有持續泡在市場中又懂得拿過去經驗做比較的人，才能及時看到並把握住一個接一個的機會。

徐先生是股市老手，經常用說故事的方式，向我解釋做股票的深奧道理，他認爲，「除了創意，說故事的本事是最重要的能力。」受到他的影響，我習慣把自己親身經歷過或聽來的較有感觸的事，講給朋友聽，並把其中能引起共鳴的故事寫在本書中，用來點出我操作的觀點。

他經常抽空逛書店，向我推薦好書，並提出書中精采的觀點與我討論。我近年來所看過最能讓人變得更聰明的書——《黑天鵝效應》，要不是他鼎力推薦，否則即使我在逛書店時翻閱到，也可能正好翻到書中較艱澀的部分，又把它放回去。

這本書中的每一課都修正超過五十次以上。剛開始有些課大約修訂三十次時，我會安撫怡甄，「這一課已幾近成熟了。」她信以爲眞。等後來我再說同樣的話，她總會說：「嘜擱講啊！」怡甄原本以爲我在出第一本書後的隔年就會打鐵趁熱，再推出續集。她尤其不解的是：我在《今周刊》發表過而讀者反應還不錯的一些文章，爲什麼還要一改再改？但她總是隨時挪出時間來配合我。

本書線形圖的編製，非常感謝財金文化事業資訊部提供。

最後，我還要感謝李必勤先生、許淳琪小姐、楊龍惠先生和陳信凱先生，對本書提出很多寶貴的意見。

自序

做股票沒有肯定的答案

輸家把股市當機器，把操作原則當使用說明書，照搬過來硬套

贏家把股市當作有生命的物體，隨著市場的情緒，隨時做修正

一般投資人害怕面對股市的不確定性，總要等到證據很充分或必須藉由別人的保證才敢下手，因而不會應付股市的各種可能性。做股票沒有肯定的時候，不能套用公式，大盤是多是空或個股孰優孰劣，我們頂多知道怎麼樣的機率比較高，不能堅持自己的預測，而應該「因時而變，因事而變」，走一步，評估一步。

一般人最喜歡找本益比相對較低的股票來買，但問題不只在於我們很

難由該股已公布的部分月分的獲利來推估該年度的本益比，更在於目前本益比看來較低的個股，可能意味著後市比較不被看好。市場願意給多少，股票就值多少，個股本益比該多少，沒有所謂合不合理，也不能沿襲過去。在大盤漲勢剛形成時，本益比相對較高的股票，常漲得比本益比較低的股票多，甚至漲到本益比高到極端時才會反轉。

操作是一種概念，有很大的自由度，操作的精髓在於要靈活應對，並適時修正。如果我們一開始就被各種制式概念所框住，像「投資比投機安全」、「千線萬線不如內線」、「基本面和技術面要並重」，以爲怎麼做才是正規，就找不出適合自己的另類答案。我發現，由於一般人很難取得基本面的第一手資訊，加上技術面總是領先基本面，所以我愈來愈偏重技術面。

抓投資大眾的心理，早一步下手

凱因斯巧妙地把股市比喻爲由報紙主辦的選美，猜出照片中哪張臉孔得票數最多的參賽者，便可獲獎。這代表了對股市最高明的看法：要把智力用在推敲別人到底怎麼想。我們尤其要用對市場有影響力者的眼光來看問題，不應去挑自己認爲眞正最好的股票，而是去挑那些最可能獲得主要買盤青睞者。比如說，我們從經紀商進出表中看出某支個股股價不斷攀升的原因，是因爲有特定買盤追捧，雖然我們認爲該股已經超漲，但還是要考慮到市場的看法。

技術分析反映市場心理，用來推敲別人會有什麼看法。技術分析之所以有用，是因爲歷史經常重演，而技術分析的盛行，不但讓歷史更可能重演，還對行情助長助跌。數學大師貝諾．曼德伯曾提出，今日的價格變動會受到很久以前的歷史所影響。用技術分析的觀點來看，是因爲有相當多有實力的人利用技術分析來研判別人的看法，當他們相信大多數運用技術分析的人也認爲接下來歷史會重演，大家不約而同的選同一邊站，於是歷史眞的重演。因此，六十日線之所以遠比五十五日線好用，是因爲大部分人都用六十日線來看趨勢，而不是用五十五日線。

應用在波段行情中大致正確的原則

因爲技術分析是原則，不是定理，要測試某一項原則，我就必須找例子，我雖然很容易找出實際發生過的走勢圖來附和，但這項原則在我沒舉證的例子中，卻可能大多是錯誤的。

所以，我要從龐大的經驗値中，選擇大致正確的原則。但這又涉及到一個問題：有些股價處於區間整理時會讓我們賺到小差價的原則，例如「在股價漲到近期高價時賣出、在跌到近期低價時買進」的原則，在波段漲勢（或跌勢）正要展開時，卻會讓我們錯過一整段行情（或多賠一大段）；反之，有些在波段行情時很好用的原則，卻不適用於股價處於區間整理時。

我要選用的不是在股價盤整時大致正確的原則，而是在大漲或大跌行情正要發生時大致正確的原則。像是以股價站上（或跌破）六十日線作爲買進（或賣出）的原則，在股價盤整時，常會讓我們買高賣低，但在股價走波段漲勢（或跌勢）時，卻會讓我們大賺（或避開大賠）。但我還要附帶一些條件，讓我們在應用這些原則時的準確率能進一步提高，這樣我們才有信心在情況愈是符合時，愈敢大手筆進出。

學校教不出好的操盤手

有些操作原則，並沒有人教我，而是市場教我的。例如：在指數下跌超過兩成並跌破六十日線後，反彈時通常漲到六十日線就會先壓回。由於個股的波動比大盤劇烈，這個原則更適用於大盤。像民國九十七年指數自九三〇九點跌到三九五五點，反彈時第一次碰到六十日線所在的四七四八點，立即壓回（見 P.258 和 P.266 的圖）。但如果拉回不深，就有可能是空頭力竭的徵兆。

做股票沒有絕對。即使是成功率很高的原則，也常出現例外。民國一〇〇年指數自六月一日的高點九〇八九點跌到九月二十六日的六八七七點後，反彈中途，有朋友問我，「會反彈到哪裡？」我告訴他，「先看六十日線的反壓。」結果，指數卻直接站上六十日線（見 P.20 的圖）。在指數持續站上六十日線的第三天，這位朋友問我，怎麼和我預測的不一樣？我也只能用不知道是不是標準答案的答案向他解釋：「因爲美股不但早已領先台股站上六十日線，緊接著又漲了四〇〇多點，直逼一二〇日線和二四〇日線，所以台股也被帶上來了。」

但隨後台股最高只反彈到七七四三點，只在六十日線上停留十一天，就跌破六十日線，隨後沿著六十日線上下震盪；在跌破沿著六十日線整理的短期低點七二七四點後，走勢轉弱。我想，或許更周延的原則是：在指數下跌超過兩成並跌破六十日線後，反彈時往往不會一次就站穩六十日線。

揣摩線形和盤勢背後代表的意義

這是因爲一個跌深的市場，就像一個人久病初癒，怎能期待他一下子健步如飛？在大盤養精蓄銳的這段打底期間，線形上的意義是，如果指數不再破底或破底後沒有跌很深，六十日線的角度就會由陡降轉趨平緩；等指數站穩六十日線，而六十日線的角度即將或終於穩定地止跌翻揚，趨勢比較可能翻多。

此外，我們在研判行情時，還需要靠所謂的「直覺」。直覺雖然也是經驗的累積，卻超越了呆板的邏輯，需要更敏銳的觸角和更重視細節。在股市，這種跳躍式的思考才能應付跳躍式的變化，讓我們早一步下手。例如，某檔股票波段高點的反壓是五十元，當它的股價來勢洶洶，逼近當天的漲停價四十九元，漲到四十八．九元時，我在報價螢幕上彷彿已經看到五十一元，但我知道這不是我內心的期盼，而是經驗對我的呼喚；因此，我必須在四十八．九元立刻買進，以免等隔天它突破五十元時，再買可能

(8256.55,-8.06)開:6891.47 高:6927.99 低:6831.39
9000
8500
8000
7500
7000
10/28
7743
11/8
7683
10/17
7475
11/10
7274
12/1
7199
9/14
7186
10/21
7205
9/26
6877
10/4
6889
10/28
1447
11/24
6744
10/11
1125
10/21
659
900
600
300
120日(1054.89,-2.52)
100/12/09
10
11
12

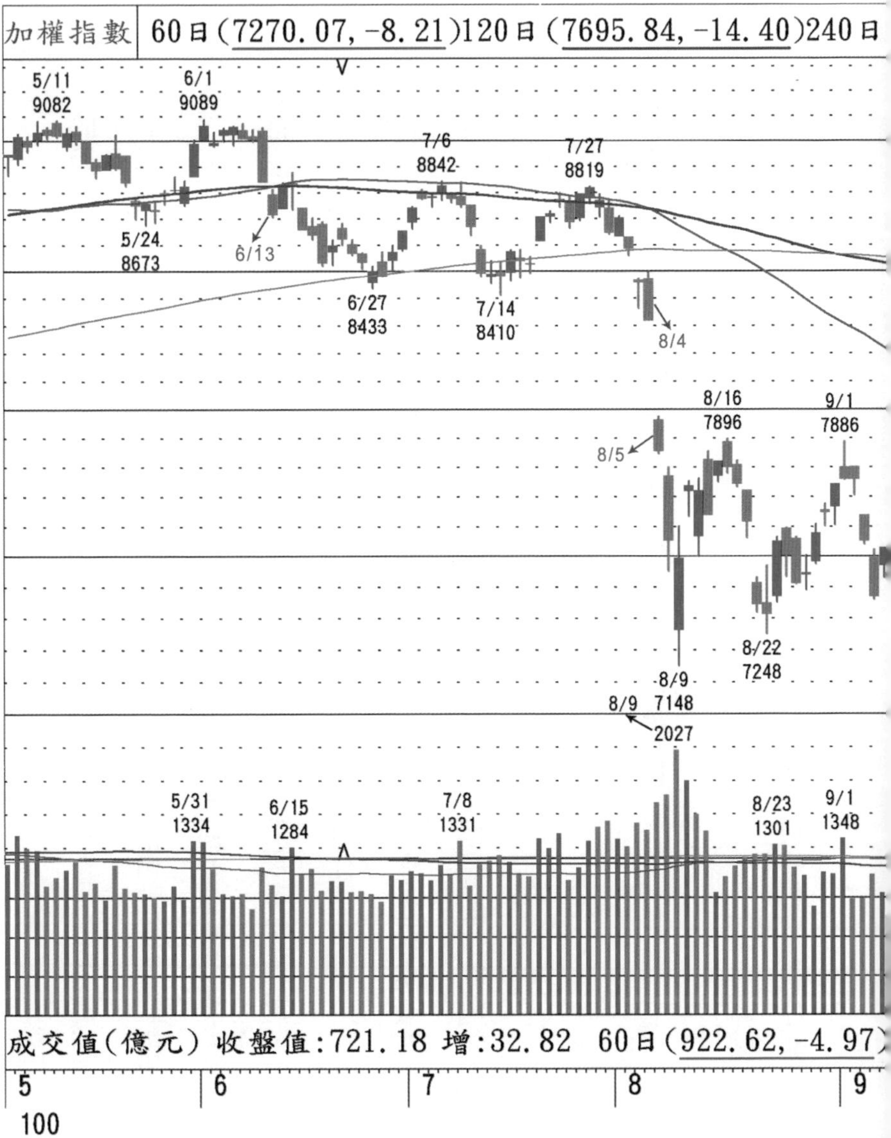
加權指數
60日(7270.07,-8.21)120日(7695.84,-14.40)240日
5/11
9082
6/1
9089
7/6
8842
7/27
8819
5/24
8673
6/13
6/27
8433
7/14
8410
8/4
8/16
7896
9/1
7886
8/5
8/22
7248
8/9
7148
8/9
2027
5/31
1334
6/15
1284
7/8
1331
8/23
1301
9/1
1348
成交值(億元) 收盤值:721.18 增:32.82 60日(922.62,-4.97
5
6
7
8
9
100

會太遲。萬一走勢不如預期，我再考慮減碼。

對於操作原則，我們還可以舉一反三，比如說，看看能不能把適用於跌勢中的操作原則推廣到漲勢中，反之亦然。例如，指數或股價創新高後，該強不強，又跌破突破前的高點，則應該考慮減碼；同理，指數或股價創新低後，該弱不弱，又站上跌破前的低點，則應該考慮加碼。又例如，「在指數下跌超過兩成並跌破六十日線後，反彈時往往不會一次就站穩六十日線」的原則，我們可以測試，是不是在指數上漲超過兩成並站上六十日線後，拉回時往往不會一次就跌破六十日線？但經過我的測試，這在近年來的準確率並不高。

做股票之所以好玩，因爲交易者總是活在懸念中

在股市，我們無可避免的會用到「確認」一詞；實際上，我們很難確認什麼，比如說頭（底）部、漲（跌）勢是否形成，只能說股價往哪個方

向走的機率更高了。重點是我們如何及早發現股價的重大轉折，並在覺得有把握時敢大手筆進出，至少要隨著漲勢（跌勢）的逐漸明朗而逐步加碼（減碼），這就是爲什麼我們要緊盯著盤勢的原因。

看盤讓我覺得篤定，而敢玩很大。有時，在出現突發利空的開盤前，我也很緊張，但只要盤一開，股價開始跳動，我忽然覺得很自在，因爲該怎麼做我就怎麼做。就算我要賣的某檔股票量縮跌停賣不掉，我緊張也沒用；而即使是大盤崩跌，我要賣的股票大多賣不掉，我還可以放空台指期來降低多頭部位。

學習抓住股市的規律性，但也要適應股市的善變

以前，我曾想過一個問題：一位明天即將開演唱會的歌星和一位明天即將出賽的職業網球選手，假設觀眾的人數大約相同，誰面對的壓力較大？我想應該是後者。因爲演唱會的可掌控性較高，演唱者還可以藉由排

練來降低「凸槌」的機率，但球場上瞬息萬變，比賽開打後才知道會遇到什麼狀況。股票操作者比較接近後者，無法彩排，後市也不是誰說了算。做股票時大家都在摸索，只是有的人摸索的次數比較多，就比較抓得住市場的氛圍，勝場數就會多於敗場數，而且因爲懂得即時做修正，即使失利也不至於輸得太離譜。

在股市歷練了二十五年後的今天，我更體會到，股票交易者如果愈來愈適應市場的一切而能克服心理壓力，就像職業網球選手如果能提升到用開演唱會的心情來面對大賽，更能得心應手。像「英國希望」莫瑞經常被譏笑爲「只是個希望」，他四度闖進網球大滿貫賽決賽，但從未拿過金杯，其中三次敗給世界球王費德勒，外界認爲他在大賽時會怯場。二〇一二年倫敦奧運，他在晉級男單決賽後，儘管對手正是四星期前才在溫布頓決賽擊敗他的費德勒，但他似乎愈來愈適應大比賽，突然變得很有自信並靈光閃現，說出了令人讚歎的話：「**球場上的氣氛非常不可思議，和溫網不一**

樣，這回不像網球比賽，更像一場演唱會。」結果，他出人意表地以直落三擊敗費天王；延續奧運金牌的氣勢，一個月後，在美國網球公開賽，他終於拿下生涯首座大滿貫冠軍。

第二篇

相信自己，才能隨機應變

第1課 從人生谷底爬起來

輸家很難從錯失勝利的打擊中恢復
贏家從錯失勝利的打擊中脫胎換骨

股市的漲跌或許是天注定，但輸贏要看自己的決定，一如每位股市投資人在同一段時間經歷的走勢都一樣，但做出的回應若不同，就有很大的差別。萬一不幸落入敗部，我們不能只會認命而順其自然，或在災後就選擇遺忘，還必須「認分」，做必要的補強工作，才能從敗部復活。

服兵役時，我抽到下下籤，被分發到野戰部隊。剛下部隊時，我覺得同樣在浪費生命，與其瞎忙一些無聊、瑣碎的事，我寧願沉睡到退伍那一天才醒來；在軍中接觸股市後，我從此很期待每一個交易日的來臨，不管多忙，每天都要抽出時間研究股票。當時只覺得做股票很好玩，並沒有多大的企圖心。

好事總是多磨

退伍前夕，我從部隊駐地回台北應徵工作的高速公路上，發生重大車禍，錯失了當證券記者的機會。在復健期間，我經人介紹到一家即將成立的證券公司應徵。找到面試地點，發現那裡沒有電梯，樓梯又陡，我的枴杖派不上用場；顧不得別人異樣的眼光，我一屁股坐在第二個台階，手腳並用，一階一階的把身體「挪」到四樓。

到了面試的地點，別的應徵者早已西裝筆挺、氣定神閒地在那裡等候，叫到我名字時，我還忙著整理服裝儀容，慌慌張張的拄起枴杖，進去應徵。

主考官瞄了我的腳一眼，接著說：「今天來應徵的人很多，其中有幾個人對後市很有見解。」我不服氣，正要發表看法，「我——」話才溜到嘴邊，卻見他淡淡的說，「我大概知道你要說什麼，謝謝你來應徵。」從面試的房間走出來，我不敢想太多，眼前還有四個樓層的樓梯正等著我呢！

拐了幾個彎，我終於如願找到一份和證券業相關的工作。我很感謝我投資公司的董事長收留我，也領悟到「塞翁失馬，焉知非福」的道理，但在幸運之神來眷顧之前，還好我從不間斷地做準備，就算在車禍受傷後開完刀，一恢復清醒，我立即忙著聽廣播做股票，忘了手術後的疼痛。

別盡想到好的結局

記得第一次到號子朝聖，擠在萬頭攢動、人聲鼎沸的營業廳，感受到自己正和全台灣的人一樣緊盯著相同股票的漲跌，意識到鈔票正快速地在每位參與者的口袋之間流竄，我激動不已。站在身旁的一位中年人似乎感受到我的激情，和我聊了開來。

他提到他的爸爸在股票套牢時茶飯不思，整天躺在床上咳聲嘆氣，他說：「套牢比生病還難過，在想像成功前，要先想想自己輸不輸得起。」那時的我躍躍欲試，而市場也蠢蠢欲動，只覺得他想太多了。直到我在股市的陰溝裡翻船，才領悟到這番話正是一位過來人的肺腑之言。

我生涯中碰過的大跌，幾乎都發生在中秋節過後或總統大選後。民國七十七年中秋節爆發證所稅事件，民國七十九年崩跌一萬點，但我在那兩個年度都還賺錢，直到民國八十九年的總統大選，股市從二月的一〇三九三點跌到年底的四五五五點，幾乎整整跌了一年，我才首嘗敗績。

在隔年二月指數反彈到五五〇〇點時，我想民國八十九年已經跌了五八三八點，四五五五點的底部應已得到確認，就大舉進場，沒想到指數在反彈至六一九八點後拉回破底，跌到三四一一點（見P.340的圖）。當時，隨著大盤直直落，我除了對財富的流失感到心痛，還得擔心會不會被追繳保證金。

雖然李佛摩告誡投資人，被追繳保證金時要立即結清所有的交易，而且根據我長期的觀察，持股第一次融資追繳時通常股價還會再下跌一段。但等我接到融資追繳令，因爲持股實在是跌太深，賣不下手，我決定籌錢補繳；不料，在三天內連續被追繳了兩次，我當時的處境就像「前有追兵，後無糧草」。

雖然賺大錢不是我進股市的初衷，但等賺到大錢又賠了一半回去，我卻無法釋懷，一直去想自己最多曾賺到多少錢。我覺得，沒賺過大錢可能不會那麼令人遺憾，最令人遺憾的是曾經擁有卻留不住，即使那只是帳面上的獲利。

股票的事要後悔，後悔不完

而且，「最多賺多少錢」不只是個數字，更是個紀錄。當獲利再創新高，我很有成就感，覺得自己不可限量。當獲利持續走下坡，我的信心也隨著滑落，覺得自己的獲利再也回不去最高峰，甚至懷疑以前是怎樣賺到錢；當我安慰自己「賠掉的錢再賺回來就好了」，卻有另一個聲音唱反調——「賺得回來嗎？」

此外，「後悔」往往比「傷痛」本身更折磨人。就算在賺錢時，我還是會覺得「本該賺更多」；賠錢時，我更是懊惱「不該賠這麼多」，反正怎麼做都後悔。尤其當市場急轉直下，短短幾天的時間，卻恍如隔世，在鈔票受傷後，就如同當年出車禍受傷後，我完全不能接受，滿腦子的「要是……就好了」，久久都揮不去。

看過了路易斯・薩奇爾所寫的小說《洞》，我每次在股市悔恨交加時，總會想起書裡的一首歌。

「要是，要是，」啄木鳥嘆息道，

「樹上的樹皮能夠柔軟一點兒多好！」

而樹底下等待的狼，飢餓又寂寥，

牠對著月——月——兒狂嘯，

「要是，要是……」

要是，要是，那月亮沒有答腔；

只是反射陽光和一切過往。

我疲倦的狼啊要強壯，

要勇敢地再來一趟。

……

我想，由於環境、資訊和自身條件的限制，世界上有太多重要的事不能手到擒來，如果又是倉促間或不經意做出的決策，碰運氣的成分更大。能如願以償當然最好，但大失所望時，我們也不必怨天尤人，或用結果論來自責當初爲什麼不選擇那個能達成最好結局的方案，因爲當初在做決策時有當時的背景，而自己也不確定該怎麼做會最到位。

回顧，是爲了領悟

除了面對事實，我們還要訓練自己的推理和應變能力。尤其對於會一再碰到的重要抉擇，我們不能只是即興演出，而是要一邊借鏡過去的經驗，一邊質疑自己怎麼做會更合理，不斷摸索出一套更合時宜的應對模式，這樣才能把不理性和運氣的成分降到最低。

我們在生活中碰到的事即使會改變，也常是漸進式的改變，就像季節的變化總是循序漸進，因此，只要觀察一陣子或聽別人經驗傳承，我們就足以應付。但股市的變化有時是跳躍式的，而且只占少部分時間的大起大落，卻決定了我們的成敗，所以，我們需要花很長的時間，透過大量的實戰經驗來做歸納，還要對歸納出來的結果出現意外的可能性，抱持高度的警覺；也就是說，參考經驗，卻不過度信任經驗。這樣即使不能每次都穩操勝券，也有一定的穩定性。

此外，我們在層次提升了以後，會更有定見，比較不會隨著別人起鬨、慫恿，或因爲跟著別人一窩蜂，而去冒未經算計的風險。我發現，如果我們本來的想法是對的，卻被別人誤導，更教人悔不當初。

操作不順時，我們難免自責「早知道就……」，但如果能將自責轉換成自省，從過去犯的錯反省出對的構想，然後從走勢圖和市場上測試出實用的原則或心得，把它記在筆記本上，等下次碰到類似的情況，照自己演練過的操作，就很可能會讓自己「早知道」。

例如，民國八十九年起的大跌，讓我學到了「不要預設立場」。在民國八十九年的大跌之前，多頭已走了九年多，指數已大漲了八千點，難怪隨後在一年七個月內一口氣跌掉七千點。民國九十七年台股下跌時，我也沒想到股市會跌那麼慘，只知道之前股市同樣已經漲了六年多、漲了六千多點，在回檔的過程中，我學乖了，不去猜測底部在哪裡，即使進場搶反彈，也適可而止，所以沒有愈套愈深。

先掌控自己的情緒，才能掌握場上的情勢

我發現，不但賠錢的事要慢慢適應，連賺錢的事也要慢慢適應。根據我的觀察，賺錢時愈亢奮的人，賠錢時愈沮喪，這些情緒容易在兩個極端之間擺盪的人，常把自己搞得筋疲力盡，風險承受能力差，通常功力平平；而高手一定都是從容的，愈是高手，愈不容易在剛收盤後從他講話的聲調中聽出，他剛才是大賺還是大賠？

在股市，我們愈想賺錢，很可能股票一有利潤就把它賣掉，反而賺不到大錢；愈怕賠錢，很可能股票一虧損就不賣，反而賠了大錢。愈不在乎輸贏的人，愈不會讓恐懼和希望等情緒主導進出，而是由自己對後市的看法來決定買賣，愈能贏錢。

雖然我們很難不隨著賺賠而影響心情，但如果我們積極進出，更頻繁地體驗輸贏，對金錢的來來去去就比較不會那麼在乎；就會知道市場上的轉變相當快，在如日中天時不會沖昏了頭，在跌落谷底時不會垂頭喪氣，輸贏時的差別就不會那麼大；也會知道股市的競賽沒有終點，這一回合才剛宣判，下一回合又隨即開打，哪有時間沉溺在自己的情緒。

有實力的人終歸要爆發

提升了實力，我們或許會懷疑，「未來還有大行情嗎？」答案是肯定的。記得在我退伍前半年，台股行情正如火如荼的展開，當時媒體最愛報導，這是投資人一輩子只會碰到一次的大行情，我心急如焚，恨不得馬上就退伍。但現在想來，就算我提前退伍，而在股市多賺了錢，後來也會賠回去，因爲我的功夫還不到家；反觀，等我儲備了實力，雖然後來的幾個行情並未更大，但我更加成熟的技術和心理，讓行情變得更大。

在股市，總覺得自己一路走來都很幸運，這不是說賭運常站在我這一邊，而是說在我勇於嘗試並檢討錯誤之後，事情總是朝正面發展。我在投資生涯早期還沒有玩很大時就破產，及早發現自己的不足；在約略懂得技術分析後不久，就有長達七年的大多頭行情讓我練兵；在第一次賺到大錢後又賠了一半回去，提醒我不要得意忘形。當然，我在大賠時也和別人一樣，經常不知路該如何走下去，以為自己禁不起股價再下跌一點點；後來終於知道，事情總會過去，而「賠錢」也是一種淬鍊。

第2課 面對現實，才能覺醒

贏家檢討自己，尋找出口
輸家檢討別人，尋找藉口

正如作家楊照引述他老師的話，「**教會你評斷自己會還是不會，比光是教會你更重要一百倍！**」如果我們不能評斷自己所從事的工作做得好不好，再喜歡的工作也會變得乏味，因為我們不知道自己有沒有進步，不能從中得到激勵或警惕。就像藝術創作之路之所以很辛苦，就是因為美醜沒有一定的標準，創作者很難衡量自己進步了沒，無法從工作中持續得到回饋，所以會有一種不扎實、甚至是一事無成的感覺。

還好，股市每天都有收盤價，我們很容易衡量自己的實力。但有些人剛出道就碰到大多頭市場，隨便買隨便賺，因而掩蓋住很多問題，誤以為自己很厲害。這些人只有經歷過跌勢市場，才能體會到股市的凶險，才有可能被逼著改變自己。

我有一位朋友，在民國九十七年五月二十日以後，把過去幾年在多頭市場賺的錢都賠光了，還進退兩難。他透過關係，捐了一筆錢，好不容易才請到一位很有名的仁波切指點迷津。說明了原委，仁波切摸摸他的頭，只說了兩句話，「投資本來就有風險，你要想開一點。」

痛過才能領悟

這位朋友一直想不透為什麼會傷得這麼重，直到看到了一篇專訪債券天王葛洛斯的文章。在文章中，葛洛斯提到他在一九八七年道瓊崩盤和九一一事件時，兩度錯失投資債市的機會，原因出在他無法從當天的恐怖氣氛中抽離，一時忘記股市慘跌時，正是介入債市的良機。

我的朋友恍然大悟，自己不也是錯在太過沉浸於總統大選後兩岸破冰的歡樂氣氛中！他回想起，總統大選揭曉後的那一兩個交易日，法人大買，市場一面倒地看好，金融股卻爆出空前大量，他當時怎麼就沒想到：會不會是公司派大股東已察覺次貸風暴正要擴大而趁機倒貨？他進一步發現，自己做股票時太情緒化，以至於不能從盤面中聯想到還沒見報的經濟情勢，他需要一套客觀的準則來拿捏該站在哪一邊。

也有一些人長時間以來的操作績效不理想，但爲什麼不替自己打分數，甚至還自我感覺良好呢？這可能是他們只會尋求外援，並在失敗後替自己找理由；也可能是他們對紛紛擾擾的市場消息太過關注，或對明天的走勢太過牽掛，收盤後還忙著和同好談論著市場的種種，不能靜下心來反省和思考，而讓過錯不斷累積。他們在大多數的失利當中，偶爾也會幸運地小賺幾次，這讓他們覺得自己沒那麼差，要是他們每次都失手，或許會及早認清事實。

這也可能是他們有一定的實力，卻不遵守紀律。比如說，他們知道在某種線形結構下股市可能大跌，但如果有一次因爲心存僥倖，在出現這樣的線形時沒有賣股票，結果反而賭對了，就會強化錯誤的行爲，他們此後可能就不會遵循這項原則來賣股票。

此外，讓我們不能認清事實的，還包括以下兩個原因。

一、我們分不清楚自己要短中線投機，還是要長線投資。通常，投資的週期比投機長，但一般投資人在操作時毫無策略可言，有賺就做短線，被套就做長線。我認爲投機客的最大悲哀，是因爲被套牢而淪爲長期投資，就像大陸順口溜把「炒股炒成股東」和「炒樓炒成房東」、「泡妞泡成老公」並列爲人生三大憾事。我認同巴菲特和彼得・林區「股價長線的命運取決於每股盈餘」的觀點，也認同科斯托蘭尼「股價短線的命運取決於市場心理」的觀點，我認爲做長線要特別重視基本面，做短線要特別重視技術面。

一支持股跌了一段，價值型投資人在深入而有系統地評估基本面後，如果情勢沒有變化，他們不但不會賣，反而會逢跌加碼。但投機客認爲基本面情勢很難評估，股票也沒有明確的眞正投資價值，價格主要決定於市場情緒，他們根據技術分析來衡量市場心理，要等到一檔股票的第一筆交易出現利潤後才能加碼；一旦股價無故跌破重要支撐，他們認爲，如果不是市場有問題，就是這支股票背後有少數人知道但你不知道的問題，這是出脫的時機。

在跌勢中，一個想搶差價的投機客，原本應該效法李佛摩，等到股價反轉向上後才積極進場，但是當他看到股價跌深，卻學習巴菲特，採行價值投資法，因爲他的口袋不夠深，對持有的公司也不夠了解，他買進後在股價持續重挫時撐不下去，就會掙扎著要不要認賠殺出，亂了節奏。

看得太遠，對當前事物就會麻木

我們必須針對自己的資源、個性和特色，釐清自己是要用基本分析來長線投資，還是要用技術分析來短線投機。有些原本做短線的人，在經過一段期間頻繁的進出後會發現，如果不知道技術面短中線的趨勢，操作時就沒有方向感，而會忽買忽賣，到手的飆股也很容易被洗掉，即使賺到差價，還不夠支付交易成本，所以他們的作法會從短線變成短中線。

我對交易的態度是，不管短中線投機或長線投資，能讓我們多賺到錢的就是好方法，但經過我的觀察，短中線操作的確比較可能讓我們多賺到錢。這不只是因爲長期的事比短中期的事更難捉摸，或是經濟基本面的長期趨勢比群眾心理更難預測，而且是因爲做短中線時我們會提高警覺，像凱因斯就認爲投機比投資安全，因爲投機者知道自己在冒風險，而投資者不知道。

雖然做短中線投機時，如果股票沒出現賣點，一樣可以擺長，而做長線投資時，如果情況不對，也要做短線修正，但如果先釐清自己要做短中線投機，我們會對短期績效很敏感，會對當前發生的事提高警覺並處處設防，在走勢不對勁時，比較不會用「要做長線」來規避賣股票的問題，也多出了很多測試交易系統的機會。

反之，做長線時，我們因爲無法得知自己的方法能不能奏效，或因爲對自己的方法太有信心，如果短期內帳面表現不理想，我們常會告訴自己「這只是暫時的」，會繼續等待情況好轉，即使自己做錯了，也不知道該修正。

股票是用來玩的，不是用來愛的，買股票不像買保險「保得愈久，領得愈多」。持有股票時，我基本上認同作詞家林夕在《愛情轉移》中的歌詞，「短暫的總是浪漫，漫長總會不滿。」像我這樣的投機客，一檔股票如果放了一年，通常不是投資，也不是股票還沒出現賣點，而是被套牢。

二、我們的「知道」是事後才知道，不是事前就知道。我們在事後都準確的知道某支股票應該如何地買低賣高或一路長抱，會很正常的反問自己，當時爲什麼不堅決地這麼做？「後見之明」最大的問題是讓我們高估了自己的預測能力。

像以前在跌勢中，在看盤時，我這一刻還在後悔爲什麼不照自己剛才的想法賣某支股票，等該股當天又跌了一些，除了懊惱，我又想到是不是要出一些，但仍舊沒出；隨著股價愈走愈低，我當天一再的自責。收盤後爲了走出悲情，我安撫自己：「從今以後，決不再犯這種猶豫不決的錯誤。」可是言猶在耳，隔天我覺得該賣點什麼，卻依然什麼都沒賣。

在跌勢中，我常覺得自己很無能，但等到股市又活過來，我又覺得自己無所不能，一切操作上的問題也跟著煙消雲散。直到下一波跌勢來臨，我陷入同樣的窘境，過去失敗的種種又湧上心頭。幾經折騰，我終於明白，原來我的問題不只是心理面「該怎麼做而沒做」，而是「後見之明」讓我把做股票看得比實際還簡單。

有了功力，才能談紀律

當股市開始大跌，我總以爲自己早就料到了。有一次，我一如既往的在事後自責，「爲什麼不賣一些股票？」突然靈光一閃，不對呀，如果我在大跌前眞的那麼有把握，我應該後悔的是，「爲什麼不出清持股？」甚至是，「爲什麼不反手放空？」因爲賣得愈多，對自己愈有利。

雖然不遵守操作紀律是不對的，但我的問題不全然是不遵守紀律。如果在事前我把想要進出的股數逐一記下來，想要賣的數量其實很有限，有時我甚至更想要加碼呢！很顯然地，當時我雖然感到不安，卻還抱著期望，認爲低檔很有限，害怕賣掉股票後它們會漲上來，所以捨不得賣。在這個階段，「該賣而未賣」的原因不是我不遵守紀律，而是我功力不夠，看不出頭部已形成。

等到跌勢明朗，我看出了頭部，卻因爲股價離最高點已有一段差價而賣不下手，儘管有時我也會掛出一些股票，但由於對之前錯過的高價念念不忘，我掛出的價位高得不太可能成交，我爲了給自己一個交代而做做樣子，結果斷送了逃命的機會。在這個階段，「該賣而未賣」的部分原因是因爲我不遵守操作紀律，但也有一部分的原因是我的實力不夠，看不出下檔還有很大的空間。

我領悟到，就像有些人之所以會跳入股市，是因爲他們在往回看的時候，總以爲自己早知道股市怎麼走，只是沒去做，我也沉浸在自己所想的世界裡。在每一天的看盤當中，我在腦海中想要怎麼做的念頭可能就有上百個，但是，沒付諸行動的念頭就是雜念。

何況，我的想法經常只是一閃而過或反反覆覆。雖然在事後證明我有的想法是對的，但我可能很快又想到了什麼而把這個對的想法給否決，甚至想反過來做。我總是本能地在事後認爲，自己應該那麼做是順理成章的，而忘了做抉擇時的兩難，忘了其他和結果相違背的預測。甚至，我在事後覺得該怎麼做而沒做的念頭，在事前其實想都沒想過。

不試，永遠不會知道

如果我們只用想的而不去做，將會發現每次離成功好像都很接近，但永遠差那麼一點點；如果我們從行動中察覺自己的功力還差得遠，雖然從「每次都幾乎做對」到「幾乎每次都做對」，還有很長的路要走，卻比較可能邁向正確的方向。

此外，雖然做記錄能讓我們追蹤自己是不是早知道，但做記錄不等同於實際行動，因爲下單時有輸贏的壓力。有壓力，會讓我們失去準度。因此，即使做記錄後顯示自己決策的成功率很高，仍要眞的下單才算數；而且，還要從行動後的落點，想辦法提高精準度。

比如說，以前，我一看到個股跌停叫出，急忙丟出賣單，然後根據當時跌停板掛出的張數和後來陸續成交的張數，來計算自己委賣的單子會不會成交，當發現自己的單子差一點點就成交，覺得好惋惜。但後來仔細想想，有那麼多的高手，同樣依靠漲（跌）停板的訊號在操作，就在漲（跌）

停掛進（掛出）的電光石火之間，晚了一秒鐘，背後可能代表著幾千張的買（賣）單排在你的前面。這不能怪自己運氣不好，而是敏銳度不如人。

在股市，沒有永遠的弱者，只有永遠無法認清事實的弱者，最怕的不是我們一無是處，而是我們自以爲是。看短期績效，較能及時明白自己是不是弱者。而弱者由弱轉強的關鍵，不是投靠強者，而是要獨立自主，否則就不能確定是自己本來就知道，還是因爲聽別人講才知道；也不能只用想的而不去做，否則就不能確定自己是事前就知道，還是事後才知道。

第3課 爲什麼我們總在原地踏步

輸家在期待和幻想中夢遊，不斷地讓自己的鈔票飛走
贏家用經驗和直覺導航，不斷地撿到躺在股市裡的鈔票

我們之所以總是看著手中股票漲上去又跌下來，在於我們跟別人一樣平庸。我們經常幻想著怎樣做了一筆好交易，經常盲目地期待股價怎麼走，只想打絕對安全的仗，熱中於追逐投資建議和內線消息，總在等待景氣復甦，……我們一成不變，所以不會應變。或許，我們也學了操作原則，

自以爲都懂，但因爲操練的次數不夠，其實並不精通。我後來發現，沒有人能教會你做股票，只有市場可以；想讓市場替我們多上課，就要多出手。就像電影《陣頭》裡的台詞：「**練鼓的人就是要一直打**」，做股票的人就是要一直進出。獨立操練的次數夠多，才能掌握進出時機，可長可短。

我們都曾在事後幻想，「在最低價大買某檔飆股，賣在最高價，可以賺多少錢。」但就是因爲大多數人都沒錢買或不敢買，所以才有最低價，就算我們僥倖買在最低價附近，也很可能不敢買太多，而且一有差價就跑掉了；同樣的，就是因爲大多數人都沒股票賣或捨不得賣，所以才有最高價，就算我們僥倖賣在最高價附近，也很可能不會賣太多，而且一有差價就回補了。

停留在想像和期待中，邁不開步伐

有時，在媒體公布個股漲幅前幾名時，我們也會幻想，「要是買到這其中一檔該有多好？」但台股有一千多檔，我們怎麼可能那麼巧，正好抽到這幾支上上籤？有時，在媒體公布基金績效前幾名時，我們也會幻想自己買到其中一檔，但我們忽略了，自己也可能買到沒公布出來的、吊車尾的那幾檔，其績效可能比自己的還差很多。

我們還期待市場朝著對自己有利的方向走。持股很多時，股價跌破重要支撐，我們期待它趕快站回支撐，前一晚美股大跌，我們期待今天早上在台股開盤前，美股期指能把昨晚跌掉的部分漲回來。

我們也一直在等待。我們聽說某家上市公司即將發布大利多而介入，卻一天過一天，等待的事都沒發生，我們從季報、半年報等到年報。股市重挫了，我們期盼公司派護盤，有時終於盼到公司派實施庫藏股，卻在跌勢煞不住車後，我們進一步等待國安基金進場，或期待政府調降證交稅。

我們雖然知道股價遲早會觸底向上，只是不清楚是在什麼時間，我們等待又等待，內心不時交戰——

「把股票賣了吧！」

「不行！」

「爲什麼不？」

「都已經等這麼久了，爲什麼不再多等一下？」

尋求最佳方式，而不是用同樣的方式

我們把命運交給別人、市場、公司派和政府，讓小危機坐大成大危機，常常還沒等到股價出現像樣的反彈，就面臨融資追繳。如果我們被套住後，只會等著解套，最大的問題不是不見得能等到解套，而是就算等到了，也虛度了很多光陰，浪費了很多機會成本。在等待中，我們的心態、操作技巧和觀念都沒有改變，等下一波股市漲上去又跌回來，結局還是被套牢，我們又得從頭開始。就像班傑明・富蘭克林所說的，**「不理性的定義是，重複做同樣的事情，卻期待會獲得不一樣的結果。」**一個只會等待解套的人，即使號稱自己有一、二十年的股齡，也只是虛張聲勢。

雖然，不只是投資大師，連投機大師也常提到「等待是在股市生存的重要策略」，但他們的等待是有判斷的依據，而不是一廂情願，例如技術派人士在價格盤整時不採取任何行動，在價格向上突破盤整的上限時買進，抱著上升的股票不放，等走勢轉弱或做頭而下後再賣。

我們總以爲做股票有什麼祕訣，不斷尋找，但做股票的方法，有的可說，有的不可說。可說的方法上網都找得到，都是過度簡化的基本技法；不可說的道理卻不能轉移，別人的體會是別人的，就算別人不留一手，也很難面面俱到的教你，在各種不同的情況下該如何因應。

在股市，可說的方法只是方便我們入門，都不是什麼永恆的道理，因爲在大家都如法炮製後，不但輪不到你賺，如果被這些規則框住，反而不能觸類旁通，體會不出那些操作上不可說的道理。

獨特，才能勝出

在根據眞實故事改編的電影《陣頭》中，「九天」原本是個必須幫別人湊團才能爲生的小陣頭，但新團長卻認爲這樣要受別人支配，永遠不能出頭天。看到這裡，我突然想起，在股市，很多人迷信權威、聽信明牌，不也在湊團嗎？

電影中，正苦思九天未來表演形式的新團長，有一天在森林中循著音樂聲，無意間看到「朱宗慶打擊樂團」正在排練，如夢似幻，看得瞠目結舌，同行的女團員很羨慕地說：「要是我們跟他們一樣就好了！」他在腦海中把正在排演的對方團員換成自己團員，想像會是何等景象；覺得不倫不類，他清醒了過來，斬釘截鐵地說：「我們永遠不會跟他們一樣的！」

相對於九天不偷學別人的表演方式，很多投資人一看到或聽說別人有什麼賺錢絕技，就趨之若鶩，但爲什麼看（聽）的時候很有感觸，實際應用時卻窒礙難行呢？或許，這是因爲別人的方法像森林，而他們只揀去一兩塊木頭；或許，原因正是電影裡九天新團長所領悟到的：適合別人的方法，並不見得適合自己。

九天知道，要脫穎而出，就要與眾不同，他們從苦練中撞擊出新的表演元素。同樣的，在各行各業，尤其在股市，能成功的只是特殊的極少數，而不是平庸的大多數，想勝出就不能跟人家一個樣。就算我們想從傳統或別人的方法中取經，也要加以改良，有自己的獨到之處。但「不同」勢必要加倍付出，不能只有三分鐘熱度。

例如，學習技術指標時，我們要透過一次又一次的練習，才能領略到其中奧祕，但很多人一開始就把它們想像成神兵利器，一看它們不能立即發揮戰力，就嗤之以鼻，轉而尋找其他更神奇的工具或不敢再依賴自己的分析，經驗因此無法累積。

進場競技是最好的準備

九天另一個値得投資人效法的精神是：不是等懂了才去做，而是從做當中去懂。眞實世界裡的九天團長許振榮，早期對如何將陣頭表演以藝術方式呈現並不了解，但他先做再說，遇到問題就解決；而且，他們每一年都會針對市場的變化，做不一樣的呈現。

在股市，很多投資人希望學到很管用的方法後再積極出手，而不是從積極出手中學到很管用的方法，但因爲「方法是否管用」要經過市場測試，因此，他們很可能一直覺得還沒準備好而不敢積極行動，任由很多機會溜走。

而在他們「準備」的同時，也有的人不太懂股票就直接進場，從市場出的各式考題當中學習如何接招，隨時盤算後市的各種可能性並思考應對之道，因爲總是「想在前面」，所以即使不能預料到後市的進展，也能從容地隨機應變。後者今日在瞬間就做出的一個關鍵的、合宜的臨場反應，其實都是經由多年來無數次的操練中，反覆揣摩、簡化過來的。

先進場練習，不但能培養臨場反應的能力，也由於不受既有方法的束縛，比較能不經意發現另類的方法。雖然爲了激盪出能兼顧更多環節的系統化方法，我們還是有必要把土法煉鋼而學來的方法，拿來和書上提到的相驗證或比較，但不管激盪出什麼構想，都要接受市場的檢驗；也就是說，經自己實證過的東西才能相信，不能讓書上所說的反客爲主。

辦法經常是在摸索中不經意發現的

新手以爲多學一些操作原則，就可以少一些實戰經驗；但老手知道，多一些實戰經驗，就可以少學一些操作原則。我們先進場操作一段時間後，如果還是沒什麼頭緒，這時才會覺得自己有多麼需要學些操作原則，也比較知道自己要學些什麼樣的原則，學起來更帶勁。

就算我們一定要先具備一些知識才敢進場，也只須先了解一些大原則，不要學太細節的東西。像我在民國七十八年底，看了達瓦斯的《我如何在股市賺了二〇〇萬美元》，沒多久，台股崩盤，我變得很少進出，因爲沒有把從書上所學的逐項拿來印證，所以很快就忘了這本書在說什麼；等民國八十二年台股展開大多頭行情，我唯一記得的是這本書上講過「買創歷史新高股票」的原則，並靠這個原則賺到錢。

又過了十幾年，爲了寫書，我重讀這本書，才發現大家所見略同，例如，在觀察個股是否創歷史新高時，我也會把之前發放的權息值考慮進來。這相當合理，因爲還原權息值後創歷史新高價的股票，在實質上，原先的套牢者已全數解套，如果還硬要等該股能進一步創不還原權息值的歷史新高，不但更難找到標的，而且，等找到了，股價距離該股創還原權息值新高時的價位，可能又已大漲了一段。

和達瓦斯不同的是，在他賺大錢的一九五七～一九五九年代，不難找到創歷史新高的股票，而台股愈到後來，創歷史新高的股票愈難找到。雖然創歷史新高的股票是首選，可是我經常必須退而求其次，從創波段新高的股票來評估能否切入。但光是運用這個單一原則的成功率不高，所以我還要結合六十日線等其他原則。

贏家都曾經傷痕累累

除了技術面，我們還要加強心理面，不要怕失手。正如台灣諺語所說的「驚驚袂得等」，國巨董事長陳泰銘的女兒少曼、少喬，就把她們在障礙馬術的成就歸諸於「不怕摔」。她們說得輕鬆，但陳董事長每次在場外遠遠的看到寶貝女兒摔在地上，一動也不動，卻心急如焚，不知道這次有多嚴重。陳董事長說：「我最感到欣慰的，不是我的女兒贏得多少獎杯，而是她們因爲到處比賽而眼界大開，而且能夠輸得自在。」

陳家姊妹因爲到處比賽而眼界大開，股票族也要多上場磨練。但是量大未必能產生質變，重點是在多做多錯後，要能即時調整作法，並不再犯同樣的錯，這樣才能輸得自在，而不是輸到沒感覺。

投資人尤其要經過大場面的洗禮，穩定性才會增加。當我們使出渾身解數和一次大波動行情周旋，即使覺得力不從心，從中得到的成長，比從一百次小波動中得到的還多很多。見慣了大場面，對市場上發生的一切都不會感覺太吃驚，比較能適應股價一下子跳到極端。

我認爲，「業餘」和「專業」的最大差別在於穩定性。一位專業的交易者在累積資本的路上，頂多是進三退一，是不會在空頭時把之前多頭時賺的錢全部吐回去的，尤其不會在類似於民國九十七年，那種線形出現做頭跡象然後才大跌的走勢中受重創。

古語中說：駿馬徘徊不前，不如劣馬穩步向前

看了張健鵬先生所著的《發牌的是上帝，出牌的是自己》，我對其中的一則寓言很有感觸。它的大意是說：唐僧從長安城中一家磨坊裡，挑了

一匹耐操的普通白馬，隨他前往西天取經。這一去，就是十七年。待唐僧榮歸東土大唐時，此馬也成了取經的功臣。白馬衣錦還鄉，來到昔日的磨坊探望老朋友，一大群驢子和馬都圍著白馬，問東問西，大家豔羨不已。白馬很平靜地說：「各位，其實我也沒什麼了不起，我去取經時，大家也沒閒著，我走一步，你也在走一步，只不過你們是在家門口來回打轉。」眾驢子和馬都不言語了。是啊，自己也沒閒著啊，怎麼人家就成了「成功人士」，自己還是老樣子呢？

同樣的在股市，大家可能一樣辛苦忙碌，收穫卻很懸殊。有的人對於自己要投機或投資，定位得很清楚，也摸索出一套相匹配的方法來指引方向，雖然也會遭受打擊，卻總是進多退少；有的人沒有找到適合自己的路線和方法，在周遭一大堆的資訊和意見當中迷失，莫名其妙地從這裡賺了一筆，又莫名其妙地從那裡賠了回去，在原地打轉或在繞遠路，時間一久，就落後前者十萬八千里。

第4課 破除名家情結

輸家把市場名師奉為神明，一路在找一位最靈的來追隨
贏家知道除了自己誰都靠不住，和盤勢的對話不容別人插嘴

李佛摩在《股票作手回憶錄》中認爲，新手一無所知，是第一級的傻瓜，第二級的傻瓜是有經驗的半桶水，後者也做研究，但不是研究市場本身，而是研究更高級傻瓜所說的一些市場評論。當我還是半桶水時，非常依賴市場評論，看到李佛摩這番話，感到非常驚訝；直到多年以後，我爲了宣傳新書，經常對媒體、聽眾和朋友發表對後市的評論，有時看錯了，我覺得很糗，但還是有很多人想聽聽我最新的看法，我才體會到，自己是

李佛摩所說的「更高級傻瓜」。

自己關心的事愈難掌握或人在倒楣時，愈希望別人指點迷津，甚至求助於怪力亂神。民國八十四年中，我股票怎麼做都不對，聽說在木柵山上有一位師父很靈，很多政要都很信他，我去找他算命。

師父起乩後用毛筆在一張宣紙上寫著兩行字：

烏智麻拾、杭以各唷

湯列英、達基瓦！

他清醒後向我解釋這些字的涵義，但談的都是「佛手共成事更香」之類的大道理，我有點失望。要離開前，大夥聊到股票，師父精神都來了，還說幾年前伊拉克入侵科威特前夕，他早就料到了，還料到原物料會大漲，並且通知信徒出股票、買黃金。

就算有神蹟，也很難複製

我把求來的籤詩裱起來，掛在臥室的牆壁上，一天看好幾次。過沒多久，我的未上市盤商向我推薦一檔名叫「英業達」的股票，當時英業達還沒上市，沒幾個投資人聽過這個名字，但我隱約覺得這個名字好像之前也在哪裡聽過。我猛然想起求來的籤詩裡的「英、達」，全身起了雞皮疙瘩，心裡想：難道師父真的通靈？但我決定先觀望幾天再說。

一個星期後，我的未上市盤商告訴我，他前幾天叫我買而我沒買的英業達，這幾天突然飆漲，已經買不到了。我相當後悔，爲什麼把財神爺擋在門外？

幾天後，我再次上山，參加師父主持的改運法會。當師父正在做開壇前的準備，一位阿媽帶了一個小孩走過來，師父連忙放下手邊的工作，一把抓住那小孩，問道：「你睡覺時有沒有夢到什麼數字？」那小孩起初不肯講，在師父半哄騙半恐嚇下，才呑呑吐吐地講出幾個數字。

我很好奇，師父不是說他未卜先知，爲什麼還向小孩子問明牌？我隨口和那位阿媽聊天，她笑了笑，不以爲然的說：「師父玩六合彩賠了很多錢。有一次小孩子亂講，結果講對了，從此師父每次都抓著我的孫子問。小孩子講的如果能信，我早就自己簽了。」

在跌勢中，名家也自身難保

我本以爲找到了靠山，卻在瞬間幻滅。我想，就算有神蹟，而且又恰巧發生在我身上，下次也很難複製。從此，對於股票的事，我不再問鬼神，卻仍舊問名家。我曾經存有名家情結，喜歡引述名家的看法，認爲自己再怎麼學都不可能比市場名家更厲害，希望撿到他們對的看法。

剛出道時，我藉由統計媒體上看多的專家比較多還是看空的專家比較多，來研判多空，卻發現預測不是民主投票，占多數的不一定贏；我更發現有的專家並不比一般人高明，比如說，他們看好後市的理由，只是寄望於除權息行情、年底法人作帳行情或選舉行情，照這個邏輯，每逢除權息旺季、年底或大選前，豈不是都有行情？

接著，我找出兩三位長期以來看得比較準的專家，根據這些專家的解析來進出，每每賺了錢，卻在跌勢降臨後又很快賠回去。我發現問題出在這些指引對我即使有幫助，也只是一時的，而不是隨時的。當市場翻空，或許這些專家已修正他們的看法，我卻跟不上腳步；或許這些專家只是過江的泥菩薩，我卻還期待他們「聞聲救苦」。

後來，我不只寄望於偶然遇到對的人，還希望找出一套對的方法。我在聽專家指示的同時，也學習他們怎麼做分析；然而，學到的只是一招半式，而不是系統化的方法，自己只是表面知道，而不是徹底了解。

上過技術分析的完整課程，再來看市場名師怎麼應用技術分析來解盤，感覺上清楚多了。我在實戰中把學到的東西加以改良，融入自己快節奏的操作體系，但在關鍵時刻，我很想知道令我折服的名師的看法，動作常因此慢了下來，而且，當我的預測和他們不同時，我不敢堅持己見。在這段期間，我頂多賺些蠅頭小利。

和人討論，會被別人的觀點框住

看了《股票作手回憶錄》，才知道連當時已經贏得某些報紙「棉花之王」封號的李佛摩也有偶像，而且當他和他的偶像——棉花專家波西・湯瑪斯——深交後，被湯瑪斯說服，由空翻多。他走錯了第一步後，一次失策導致另一次失策。他違背了「要賣掉讓你虧損的交易，保留已經出現利潤的操作」的習性，在棉花價格節節敗退時，不但沒有認賠殺出，甚至為了取得資金來一路逢低護盤，賣掉了相當大量已經有利潤的小麥，並從平時正常操作大約六萬包的棉花數量，一路追加到四十四萬包。

結果，他的棉花部位賠掉幾百萬美元，賠超過他全部本錢的十分之九，而要是他能留住小麥的話，他應該可以賺八百萬美元。他用昂貴的代價學到的教訓是：一個人縱使擁有原創的心靈和終生獨立思考的習慣，仍然要避免被心思敏捷、魅力十足、能言善道的人打動。

以前，我把投資當社交，很喜歡和別人討論行情，不只是想從別人那裡得到啟發，也想炫耀自己很懂股票。看了李佛摩的慘痛教訓後，才知道一旦和別人走得太近，尤其當認爲這些人的頭腦和動機都不容置疑時，更有可能被同化了而去做違反自己判斷的事情，以至於不能檢驗出自己的實力，或是受到遊說而造成自己猶豫不決，以至於不能果斷地交易。

獨斷獨行，會更清醒

就像《黑天鵝效應》一書中提到的，「**會移動的東西就需要知識**，通常沒有專家。」股市瞬息萬變，沒有人可以很精準地預測行情。而且，股市行情也不是黑白分明，甚至不明朗的時候比明朗的時候還多，即使有時候我們覺得走勢不明朗，也不必期待專家爲我們撥開迷霧，因爲在多空拉鋸時，不知道反而是眞的知道，這時候我們不必做什麼預測，一旦時機成熟，答案自然浮現。

比如說，當決定趨勢的圖形、訊號顯示多空勢均力敵，這時我們靜觀其變，但等到多頭取得上風，例如股價向上強勢突破近期高點，我們就要及時投靠多方。如果股價續漲，接下來，原本那幾個偏空的指標也會一一跟著翻多，但等到這時才進場，成本已墊高了不少。

慢慢地，我不再刻意爲了與名家的看法一致，而犧牲自己的最大優勢——速度，我甚至不再從名家那裡找靈感，而是從盤勢和線形中找靈感，並果斷的行動，終於在市場大有斬獲。我更確信，做股票要成功，不見得要預測得很準，而是要修正得很及時；如果我們善於做修正，在做預測時會更有恃無恐，而比較敢出手。

肥料有時會變毒藥

最近，我聽說一位向來在股市單打獨鬥、不聽信股市名家的朋友，也受到名家情結之害。他在賺了大錢後想建立操作團隊，他招募新血，傾囊相授，前後招募了三期，訓練了十幾個人，卻沒有人能達到他的預期。他左思右想，終於想通找不到接班人的原因，可能出在這些人對他太敬畏，惟他馬首是瞻，當他看多，這些人不敢看空；而且，這些人急著想要和他一樣成功，對他傳授的東西只是照單全收，沒有篩選、消化形成自己的東西，因此思考流於淺薄，向他提問不出什麼深入的問題。

綜合我自己和別人的經驗，股票要做得好，首先要拋棄想要速成的心態。就像果樹如果在地表附近有人供應肥料，它就懶得往下深入扎根去吸收養分，這種淺根的果樹禁不起狂風的肆虐；同樣地，如果我們只會從市場名家的意見中找答案或複製他們的方法，就不能深入了解股票世界，在無人可依靠的激烈動盪時刻，當然無法應變。

其次，在心態上要及早從市場名家的膜拜者提升到超越者。在股市，名人不等於能人，有的名人以能言善道聞名，有的只是炒股票很有名；名人就算是能人，也未必是我們的貴人。當我們還很青澀時，難免要有學習或模仿的對象，但仿效是爲了超越。股市就像流行歌壇，從來沒有誰因模仿誰而能勝過本尊，沒有自己特色的山寨版，甚至很難在市場生存。

自己的路就是能隨機應變的活路

最後，要經過大量的操練來改變體質。如果有一天，我們能看出市場名家分析的破綻，而且能提出更有力的觀點，並在交易中得到印證，表示我們已經達到了他們的高度，走出自己的路了。雖然我們的觀點有時也會露出破綻，但自己的破綻自己補，自主了之後，就可以自由自在、隨機應變了，不必再管市場名家在說什麼，以免干擾自己的操作。

我在上一本書中，花了很大的篇幅告訴投資人，在股市最重要的是一個人生存的能力，沒想到書發表後，讀者回響最熱烈的問題竟是，「你文章中提到的令你折服的權威分析師是哪兩三位？」而且，問這個問題的人大多不是還需要老師點撥的新手，而是早就該獨立作業的老手。

我委婉的向他們解釋，即使是我提到的最準的分析師，也是時靈時不靈，何況，那是我很多年以前的觀察，近年來，我已經不再注意誰比較準了。從對方的語調，我隱約感覺到，在電話那頭，讀者難掩失望。

台灣諺語說：針無雙頭利，人無雙邊才

以前，我常納悶：一些股市圈外的成功人士在自己所屬的領域，都了解要夠專業才能夠出類拔萃，爲什麼竟然以爲在股市只要有人脈提供明牌或跟對專家，就能輕易的賺錢？沒想到後來，我在股市賺到錢後，在行情清淡時錢無處去，也想要附庸風雅，而投資畫作，犯了與他們一樣的錯誤。

我把畫當股票在炒，問題是我在畫市不像在股市具有優勢。我後知後

覺，投資的畫家都是市場上公開的明牌，畫的價格已經炒上來，就像股票族追進熱門股時，股價已經炒高；但比股票族更慘的是，追高了股票，還可以認賠殺出，追高了畫作，即使想認賠，有的畫還求售無門。

就像在股市追逐的明牌失靈時，很多人並沒有因此而停止追求明牌，當我在藝術品市場被明牌套牢，我聽說一位朋友靠買畫賺了大錢，向她請教該投資誰的畫作。她不直接給答案，卻送我幾本藝術史的書籍，要我研讀後再來討論。我猛然想起，每當朋友問我「該買什麼股票」，我不也是先推薦他們看一些股票書嗎！

只見贏家笑，不見輸家哭

我如夢初醒！我不該什麼錢都想賺。原來，雖然我們在自己的本行知道，只有極少數修煉成精的人能成功，而其他涉獵不深的追隨者只能墊底；但對於外行的行業，可能因爲它正掀起熱潮，或因爲聽多了該行業極少數成功人士被過度誇大的事蹟，忽略了同一行業中還有數量龐大、不爲人知的失敗者，誤以爲這一行很好賺，因而撈過界亂撒錢。

後來，我看到了《上億資金怎麼玩？》一書中引用愛德華・吉朋有關笨錢的段落，覺得很震撼，因爲這正是我在畫市以及很多人在股市不懂裝懂、亂投資的寫照。他說：「**……在特定時間，有很多笨人擁有很多笨錢……，就是所謂的盲目資本，會因爲跟目前目的無關的原因變得特別龐大、特別渴望；希望找人把錢吞噬，『過剩』就出現；找到人後，『投機』就出現；錢遭到吞噬後，『恐慌』就出現。**」

我家院子裡有一棵櫻花樹，種了好幾年，雖然也長得很高，卻始終不開花，我懷疑這是因爲它的旁邊有一棵更高大的樹遮住了陽光。我請工人把櫻花樹移植到空曠的地方後，隔年它就開花了。散戶就像那棵櫻花樹，市場名家就像那棵大樹，散戶如果以爲「大樹底下好乘涼」，一直活在別人的庇蔭下，永遠不能出頭天。

第5課 破除明牌情結

贏家認為聽別人說，還不如自己想
輸家希望別人說破，所以永遠勘不破

不管是業餘或專業人士，大家都愛聽明牌。在聚會中報明牌，就像在慶典中放煙火，總能掀起高潮。一個人脈看來還不錯的人士如果告訴另一個人，「股市會大漲，趕快買股票」，聽的人可能無動於衷或無從下手；但如果聽的人被告知「某某股票會大漲」，不管有沒有聽過這家公司，他很可能馬上去買。然而，聽明牌如果能讓人致富，那滿街都是暴發戶，因爲明牌股不像名牌商品那麼有品質保證，一旦依賴成性，還會喪失做股票所最倚重的隨機應變的能力。

剛出道時，我有一次到一家劵商聽晨間解盤。聽完演講，一群人擠進十樓的電梯，一位老兄在電梯裡發表起高見，說他這一波跟到某天王主力內圍給的明牌——農林，賺了很多錢，萍水相逢的一群人馬上你一言我一語地問他，現在要買什麼股票？

這位老兄更形得意，說他們最近鎖定一檔「農林第二」，聽得大家豎起耳朵，頓時鴉雀無聲，彷彿他接下來講的每句話，都會掉下新台幣；這時電梯停在五樓，這位老兄走出電梯，一群人也不知道是不是要到五樓，竟左簇右擁的跟著他走到另一家劵商的營業廳，邊走邊問他：炒哪一支股票？有什麼消息？會漲多少？這位老兄很乾脆，報了一支明牌，還應觀眾要求，告訴大家漲到多少錢才賣。

我本來不是要到五樓，想說聽一下也無妨，結果愈聽愈著迷。聽他講得那麼活靈活現，我急忙打電話下單。我還以為要走運了，連坐電梯都會撿到明牌，沒想到，這支明牌失靈了。

依賴，讓散戶更弱勢

後來有一陣子，媒體報導的明牌對我深具誘惑，尤其當媒體主辦投資組合比賽時，我總是很訝異某些參賽者的績效怎麼會那麼好。他們的組合刊登在報紙上，白紙黑字，有目共睹，不像有些專家自稱報的明牌很準，也不知道是選擇性的很準還是大多數明牌都很準。每當我在周日下午辛苦的挑選潛力股，看到這些參賽者的佳績，我有時會想，何不跟進他們看好的股票？這樣既輕鬆，似乎又賺得多。

我回想起剛出道時參加投資組合比賽的經驗。當我的成績排在中段班，我在周末更新後的投資組合登在媒體上，市場並沒有什麼回響，等我穩定地跑到領先群，一加入新的組合，周一一開盤，不管當天大盤如何開盤，股價一律開高，甚至是跳空漲停。我本來還以為自己怎麼突然變得這麼厲害，後來才知道，雖然無藉藉之名，但因爲媒體公開了我的持股，引來股友的追捧。因此，我現在看到某些參賽者表現得那麼耀眼，他們肯定有過人之處，但不可否認的，媒體的大力宣傳也幫忙拉抬了他們持股的股價。

當這位績效超優的參賽者如明星般被捧紅，大家都睜大眼睛看著他的下一步。他最新推薦的股票一刊出，如果股價之前還沒大漲，因爲追隨著比較敢搶進，可能想買也買不到；如果股價之前已大漲，追高的風險就大增。更可怕的是，如果參賽者本身握有雄厚的資金或與炒作集團掛鉤，有計畫地拉抬股票，順便拉抬自己的知名度，等一大堆追隨者跟進，卻趁機倒貨。仔細評估之後，我覺得還是靠自己決定如何進出，操作邏輯比較有連貫性。

我們終究要獨力面對股市

但即使在操作得很順手的時候，有時從媒體上或從朋友口中得知誰在這一波身價倍增，我不禁眼紅；當我聽到這些贏家，已經從某類股轉戰到別的類股，我的步調開始亂了，轉而向這一波賺錢最快速的朋友打聽明牌。

問題是，明牌傳到我耳朵時，通常已有一段漲幅，令人掙扎著要不要跟進。但就算跟進明牌股後賺得更快，一碰到大盤好景不再或明牌股的炒作結束，這些帶頭衝鋒陷陣的股票卻跌得特別凶，往往怎麼上去，就怎麼下來。

由於我還沉醉在該股的題材中，已經把命運交給報明牌的人，而他們總有一套說詞讓我安心，以至於手中別的股票在破線後跑了不少，惟獨明牌股我以為有人撐腰而沒什麼賣；而且，在明牌股跌下來後，我還異想天開，以為總會有人把股價拉上來讓我跑。

等股價跌得很深，我不想賣了，當初讓我看好這支明牌的內線消息卻始終不曾實現，報明牌的人也不再通風報信。我才知道，在跌勢初期，報明牌的人頻頻向我掛保證的同時，也是在替他自己壯膽，等股價跌深，他死心了，所以不再主動聯絡。

我上一次買得比較多的明牌是在民國九十六年一月中旬開始介入的鼎天。當時聽朋友說，該公司接到大訂單，市場上還不知道。我看了一下線形，它從三十・五元急漲至六十六元後，正拉回六十日線附近盤整（見P.84的圖）。我先買了一些基本持股，在二月二十六日它以長紅升破六十日線時，我以爲漲勢要發動了，再度加碼；但該股之後又拉回六十日線之下，盤整尚未結束。爲了避免它在升破六十日線後又跌回來，甚至由盤整轉爲跌勢，我等到三月十三日該股以長紅突破近期於六十日線附近盤整的高點六十・九元，確定漲勢很可能重新發動時，做最後的加碼。

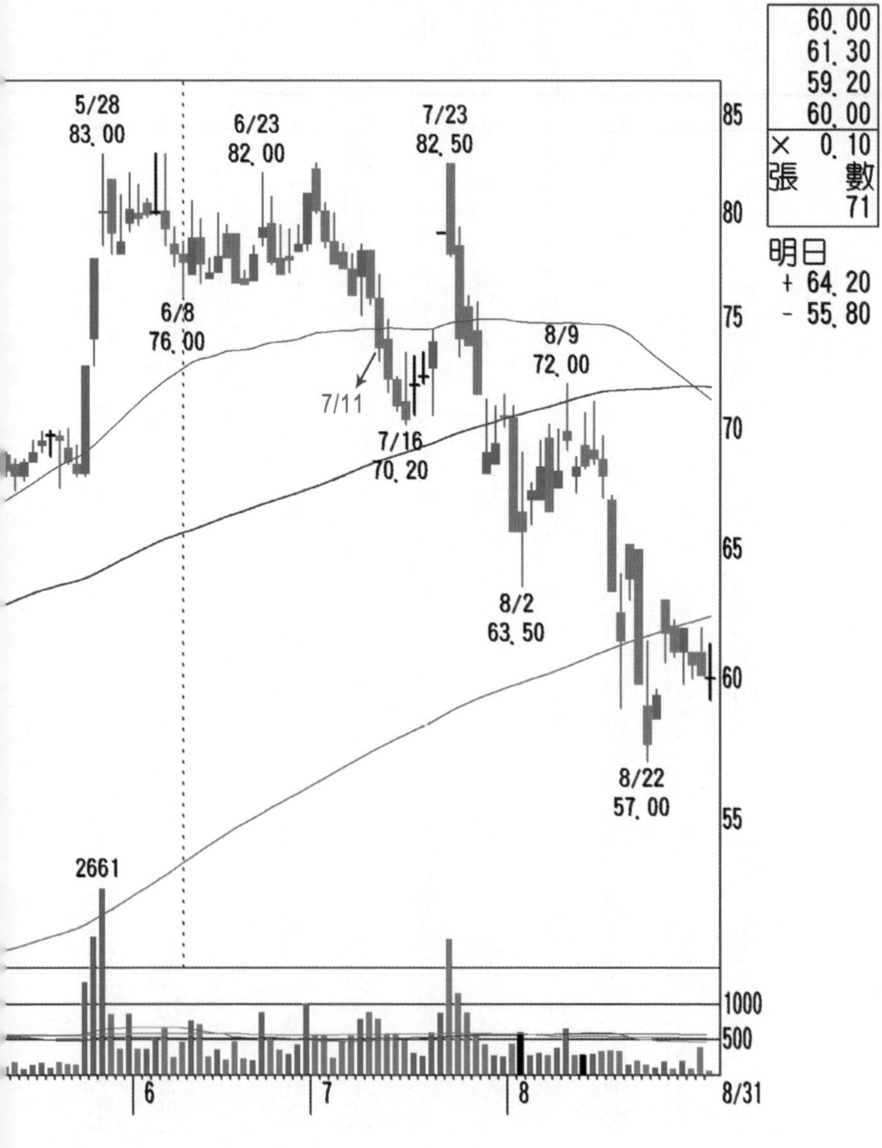
60.00
61.30
59.20
60.00
× 0.10
張數
71
明日
+ 64.20
- 55.80
5/28
83.00
6/23
82.00
7/23
82.50
6/8
76.00
7/11
7/16
70.20
8/9
72.00
8/2
63.50
8/22
57.00
2661
85
80
75
70
65
60
55
1000
500
6
7
8
8/31

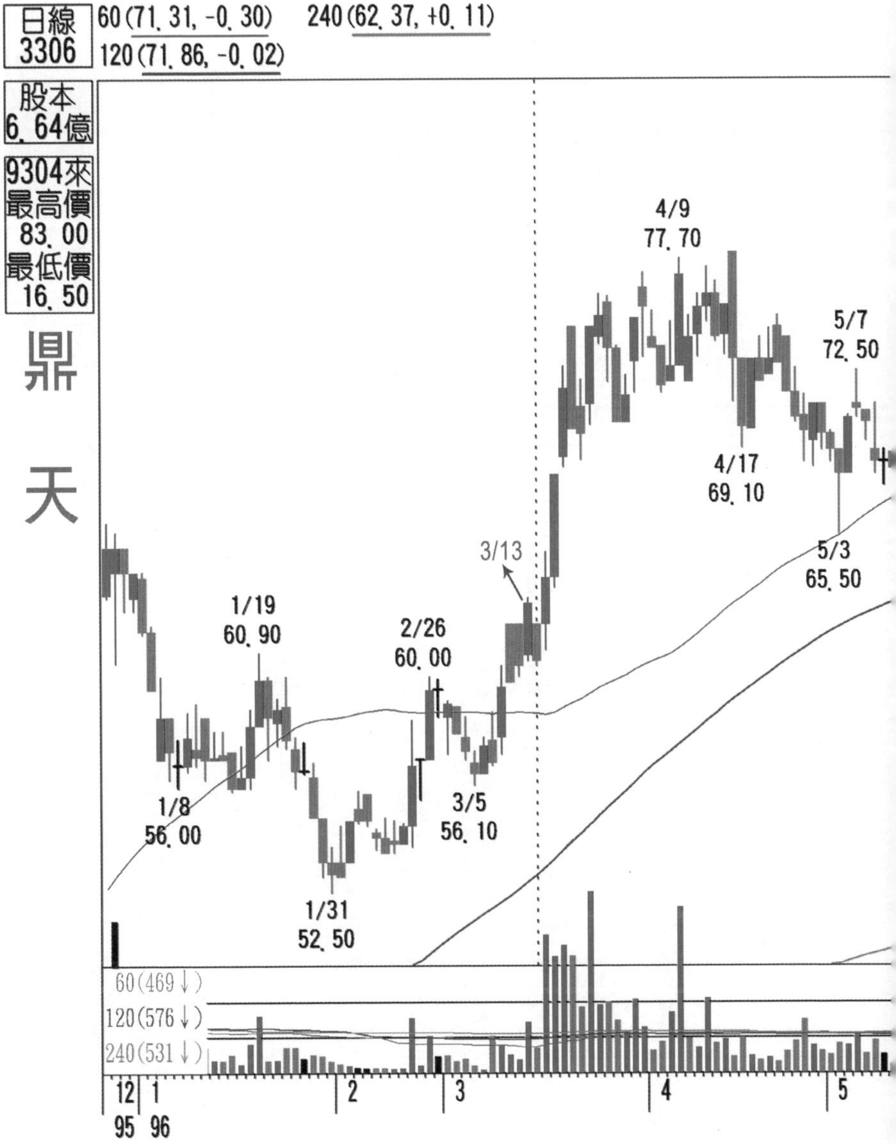
日線
3306
60(71.31,-0.30)
240(62.37,+0.11)
120(71.86,-0.02)
股本
6.64億
9304來
最高價
83.00
最低價
16.50
鼎
天
4/9
77.70
5/7
72.50
4/17
69.10
5/3
65.50
3/13
1/19
60.90
2/26
60.00
1/8
56.00
3/5
56.10
1/31
52.50
60(469↓)
120(576↓)
240(531↓)
12
1
2
3
4
5
95
96

聽明牌會讓人不守紀律

我開始買進後，我的朋友在公司每個月營收公布前，都會向我預告，結果大致吻合，這其中還包括營收大好的月分，我更深信他有內線情報；而該股也的確相對大盤強勢，漲到八十三元。

等到鼎天在民國九十六年七月十一日跌破六十日線所在的七十四・五元，我認為，因為以三十・五元的起漲點計算，它之前的漲幅已經很大了，而且，自我買進後的上漲過程中，它雖曾在三個交易日股價拉回些微跌破六十日線，卻又馬上拉上去，如今不但跌破六十日線，而且是以長黑跌破，出現了警訊。但這位朋友告訴我，據內部人士透露，鼎天下半年營運會很有爆發力，下個年度的每股稅後盈餘（ＥＰＳ）更將從往年的一塊多飛躍成長到六～八元。我想，聽明牌就只要管報明牌的人怎麼說，不用管技術面，按捺住賣股的念頭。

結果，鼎天跌破六十日線後，在兩個月的時間，跌到四十・二五元；

隔年一月更跌至二十八．六元。隨著該股愈跌愈深，加上該公司的業績未如預期，每次我向他打聽，他愈到後來講得愈沒信心，我感覺到這支明牌已經變調，但因爲股價已跌得慘不忍睹，賣不下手了。在繼之而來的金融風暴中，我幾乎只套到這一檔股票，它最低跌到十二．八元。等到鼎天民國九十七年度的ＥＰＳ揭曉，不是傳說中的六～八元，而是一．三九元。

我也曾怪這位報明牌的朋友，「怎麼會差那麼多！」但一想到對方是出於好意，而且又是受害者，也不好再多說。何況，鼎天自我買進後，也曾上漲了四成多，就怪我沒有堅守自己的推論，彷彿是讓他替我下決定，才會失控。

特立獨行才能有見地

雖然聽明牌有時也會讓我嘗到甜頭，但是當之前報得很準的人又來報明牌，我深信不疑而且買更多，往往只要一次失靈，就把之前從他那裡聽明牌賺的錢都吐回去。

整體而言，我聽明牌的績效比自己選股的績效差很多，但即使是之前報明牌不準的朋友再來報牌，還是令人很難抗拒。因爲我認爲上次報得不準的人，這次說不定會報得準；又因爲對方如果報不準，就不會重提此事，但如果報得準，一定會回頭問你「有沒有買」，要是又聽說共同的朋友都買了，惟獨自己掉隊，一想到他們正喜孜孜在談論這支股票，心就像被針在戳。

爲了戒除聽明牌的癮，我索性不主動和圈內朋友聯絡。雖然還是有朋友好心來報明牌，但因別人的建議而買進的股票占我持股的比率愈來愈小了；而且，從「要不要跟進」到「何時要出場」，我會全程以技術分析來評估。

此外，造成我愈來愈獨來獨往的原因還包括：我很怕人家向我問明牌。我並不是吝於向別人推薦股票，當我的資歷愈淺時，我愈愛向朋友報明牌，但因爲聽的人動作沒有我快，所以常害到人家。有時，我講對了買點，但對方沒有在第一時間進場，而是等該股又漲了一段才忍不住追高。

有時，對方及時跟進，卻股價每漲一點點就頻頻地問我，「要賣了沒？」但等到眞的叫他賣時，即使已經賺很多，他又因爲股價已自最高點拉回了一些而捨不得賣，還疑惑地問我，「之前有更高價不賣，爲什麼等跌下來才賣？」我實在很難向他解釋：就是因爲股價跌下來了，才知道股票可能已經做頭。

向人報明牌吃力不討好

更多時候，當我敢積極向別人推薦股票時，大盤或個股已漲了一段，有時我發現情況變得不太對，本來已自顧不暇，卻還掙扎著要不要通知對方出脫，影響了自己的操作。但在這些情況，我很少通知對方，因爲我並不是那麼有把握，而且通常這時對方已經賠錢了，怎麼好意思叫別人賣。

我想，就算我叫他認賠，他也不會賣。

不久前，我請一位老友幫我審稿，看到了我上述的心路歷程，他說：「既然你自己提了，我就直說。你結婚前向我和幾個好朋友推薦的濟業，現在已成了壁紙。」哇！我結婚都幾年了，對這件事毫無印象。很顯然的，我害人家套牢的股票家數和套牢的人次，比我所記得的還多很多，而且當中有的股票竟已下市。眞沒想到，那麼多年以前隨興報明牌造的孽，到今天還造成自己良心不安。從此，因爲有壓力，我克制自己，盡量不向別人報明牌。

我也逐漸觀察到，把做股票這種攸關金錢輸贏的事說得很輕鬆的人，只會暴露自己的無知。因此，有時實在拗不過好朋友的請求，在向他們推薦股票時，我變得更愼重其事，同時附帶了很多假設條件，以因應不斷變化的市場。但對方總覺得我說那麼多，卻說了等於沒說，他們甚至不想知道現在是多頭還是空頭市場，只想知道要買哪支股票。

就算問對明牌，也很難掌握進出時機

在內線交易法規日趨嚴格之後，投資人不但更難從電話中問到內線消息，也更難與內線人士同步進出。我有一位朋友，土地開發的本業做得很出色，平常不太關注股市，只有聽到朋友報明牌時才會進場。在一次聚會中，他的一位擔任某家上市公司董事的朋友叫他買該公司股票。他在二十五元的價位買了五十張後，該股連漲兩支停板，股價脫離了成本，他心想「這下妥當了」而掉以輕心，不料市場爆發唐鋒事件，該股接下來連跌五支停板，跌到十九元多。

他想問那位董事該怎麼辦，但當時市場上一片風聲鶴唳，怕電話被監聽，不敢說得太白，於是在電話中拐彎抹角地問對方：「你前陣子叫我買的那塊餅，還可以放嗎？還是已經壞了，要丟到垃圾桶呢？」對方剛開始聽得霧煞煞，等會過意來，告訴他餅似乎是有點「臭酸」了，但還要再去問做餅的公司看還能不能放。隔天直到快收盤前，我的朋友都沒等到電話，愈想愈恐慌，把股票認賠殺出了。隨後幾天，該股又急速反彈到二十三元。

用自己的準則，爲自己的投資負責

其實，就算在股市翻船，如果能從中得到進步，還是能翻身，但問題是如果只會聽明牌，永遠不會進步。因此，做股票要自己做自己的。向一百個人問明牌，可能會問到一百支，但自己獨力研究出來的明牌，無疑是最好的。

選用自己的答案而在剛開始得到較差績效，比聽明牌而得到較好績效，來得有價值，因爲前者每個過程你都親自參與，而後者是在碰運氣。如果我們有勇氣像從ＫＴＶ的歌單上點選一首歌一樣，根據自己的判斷去挑選一支股票，然後獨自面對輸贏，我們就會成長。等到我們終於能獨當一面，穩定地找對了一支明牌，後續就能找到無數支明牌。

電影《孔子》中令我印象最深刻的是，孔子被流放時問：「我究竟錯在哪裡？」顏淵答曰：「夫子錯把自己全部的理想，都寄託在魯君一人身上。」把理想寄託在別人身上，是很危險的，自己的理想只能靠自己實現。

第6課 我們可以打敗股市

輸家認為做股票像擲硬幣，他們沒賺到錢是因為時運不濟
贏家認為做股票像打棒球，常練習揮棒的人有較高的打擊率

有的人靠著學術研究或因爲自己無法戰勝大盤，就斷定沒有任何方法可以打敗股市，那些股市贏家只是運氣好；但那些打敗大盤如家常便飯的人，卻可能已經修煉到一般人無法想像的境界，他們與其他人在同一個市場裡，卻看得到別人看不到的世界。我覺得，我們寧可相信的確有一些人更善於做股票，然後鍥而不捨，看能不能像這些贏家一樣，找出讓自己占有優勢的方法。

《新金融怪傑》一書中提到，吉爾・布雷克原本大致相信股價是隨機而不可預測的，自己不可能靠著積極操作多賺到錢。直到有一天，朋友讓他看了一些市場行爲並非隨機的證據，他想證明那些非隨機性的行爲都是湊巧發生的，做了研究之後，反倒相信市場上的確有不少非隨機性的行爲，並且可以用系統化的方法將其轉變爲獲利。因此，他辭去原本擔任的財務長工作，成了操盤手。

事在人爲

他辛苦的找出獲利模式的雛形，不斷調整，甚至當原來那套賺到錢的方法行不通後，還要去開發新方法來找出非隨機的市場形態。他在財報爲憑的一三九個月裡，竟有一三四個月不是打平就是賺錢，甚至創下連續六十五個月不賠錢的輝煌戰果，而且從他開始操作的十二年間，平均年報酬率高達四五％。

所謂「夏蟲不可語冰」，布雷克的故事告訴我們，有些事物我們沒看過或沒想到，不代表別人就沒察覺，更不代表這些事物不存在。當我們聽到的觀點和自己原本深信的截然不同，而這些觀點對自己可能很重要時，我們不要鐵齒，要花時間去求證。

布雷克令人佩服的另一點是，他在離開校園十五年後，因爲發現市場價格有時可以預測而轉行投入操盤工作。換成一般人，肯定不會這麼做，頂多只是兼差，因爲他們害怕轉行後兩頭空。很多人嫌自己的本業賺錢速度慢又辛苦，聽人家說「買幾張股票，賺的錢比薪水還多」，而對股市充滿了憧憬；但套用一位計程車司機對我說過的話，「做股票如果那麼好賺，就沒人要開計程車。」

記得民國八十年股市崩盤後，因爲在股市只能喝西北風，我兼差做直銷。我抱著「做不好頂多回頭專心做股票」的心態，預留退路，規定自己只能付出多少時間、賠多少錢，在買了一堆貨品來囤積後，業績拓展不開。但反觀我的上線，在幾年前辭掉原來的工作後，已是過河卒子，沒有回頭路；他不惜成本，一周辦一至兩場活動，規定自己每個月一定要接觸多少人，以量取勝。原本口才木訥的他，從一場又一場的說明會中磨練，到後來，即使在台上也能侃侃而談，成爲月賺百萬元的超級經銷商。

你的第二專長難敵別人的第一專長

我體會到，巨大的額外利潤不可能靠多兼一份或幾份工作，而是靠專「一」，要在本業上比別人額外多很多的練習，讓自己和別人有所差別。做了一年直銷，還沒等股市好轉，我趕緊踩煞車，專心做我的股票。我想，如果我當年持續兼差，可能直到今天還抓不準進出場的時機。

後來，一位醫師朋友問我怎麼做股票。他說，他想把做股票當第二專長，等退休後生活就有重心。我告訴他：「你的第二專長本來就很難和別人的第一專長競爭，你又沒時間看盤，不如等退休後再全力以赴。」

在持續打敗大盤的過程中，每次看到那些主張任何投資人都無法賺得超額利潤的論點，我總是感觸萬千。我既感於這樣的說法給甘於平庸的人不敢換股或懶於進出的好藉口，而讓有企圖心的人少了很多競爭對手，也慶幸自己剛出道時因爲個性上的疑神疑鬼而殺進殺出，不去理會一些書上「進出愈頻繁，交易成本會吃掉利潤」的說法，體會了做股票的七字眞訣：多做、多想、多比較。

甚至從民國八十二年起，在我槓桿倍數放大到六、七倍的那五年大多頭行情中，完全沒有退佣，但只要每天進出的筆數加起來沒超過五十筆，我就自責沒盡到活絡市場的本分。

股價的波動有規律性，只是需要等待和尋找

因爲看多了也多次驗證了股價線形和接下來股價的連結，有龐大的經驗值可供參考，當股價即將大漲或大跌的跡象出現，我經常一眼就能看

穿，就像對善於投籃的人來說，籃框看起來總是特別大；即使不是每次大波動前我都很有把握，也大致知道該怎麼做勝算會比較大。

剛開始，看到股價正要大漲時，我也會懷疑，「別人怎麼沒注意到？」才猶豫一下子，就把機會拱手讓人。就像我曾在券商門口，從地上撿起一張千元大鈔，正猶豫間，有個人從我身旁竄出，把鈔票搶走，只丟下一句「這是我掉的」，就一溜煙不見了。

但等到市場上這種唾手可得的事一再發生，我就不再輕易放過。更令人驚奇的是，躺在地上的鈔票只會偶然出現，你只能被動地碰運氣，但躺在股市等人來撿的鈔票雖然看似偶然出現，卻有深度脈絡可循，你可以主動地尋找同樣的價格行為，並重複套利。

如果我在民國七十六年底把準備投入股市的十五萬元個人資金，在此後任何時間點，不管全部押注在任何一支上市（櫃）股上面，而且一直抱到現在，加計權息値後，都遠不如我實際上積極換股賺的多。

剛開始大賺錢的那幾年，我知道當時台股是因爲上市公司家數少、股本小，在資金湧入、市場作手興風作浪下，造成市場缺乏效率，錢才會那麼好賺，我難免擔心，是不是等台股總市值大幅擴大後，好日子就不再？但等台股不再是當年的淺碟市場，我發現市場依然缺乏效率。我想，原因有以下三個。

一、資訊的不完全：效率市場的基本假設之一是，投資人都是高度理性的，但投資人的高度理性，卻必須以資訊完全爲前提，偏偏在股市，資訊的取得有相當的限制，一個訊息牽動的效應也很難評估。資訊不單指外在發生了什麼事件，還包括市場內部的參與者是誰，以及他們對事態的反應。同一個消息，每個人的解讀不同，而且這些人的資金實力和持有股票期間的意願也不同，互動結果難以預測，這些不確定性造成投資人的不理性，對新的資訊不能迅速又正確的回應。

例如，民國一〇一年四月十二日收盤後，財政部公布復徵證所稅新方案，大多數不會被課到稅的散戶可能會認爲「利空出盡」，但中、大戶卻可能認爲若確定開徵財政部版證所稅，實質利空才眞正開始。隔日，台股隨著美股大漲，市場看似無異常，但接下來一周台股卻下跌二八一點，同時間（美國時間四月十三日~四月十九日）美股只下跌二十二點，媒體普遍以證所稅效應發酵來解釋台股的相對疲軟，可見四月十三日市場對證所稅新稅制的反應並不正確，至少並不充分（見P.248的圖）。

這件事給我的另一個啟示是，如果我們是散戶，不要站在自己的立場看事情，而要站在中、大戶的立場。

技術分析用來抓市場心理，它可以用來預測股價的基礎，是假設歷史會重演，這是因爲即使市場上已經換了另一批人在玩，但人性始終不變。例如，指數在大漲過後跌破六十日線，代表這六十個交易日來買進的人從賺錢到賠錢，投資人開始不安，這是多頭行情反轉的警訊，這時就該減碼。

我曾經想過，如果大家都知道這個道理而且也都注意到這個警訊，同時賣股票，那股市就崩盤了，想賣也賣不掉，但爲什麼這時通常還很好下車？我認爲，這是因爲一般人就算知道這個道理，也發現了這個警訊，但因爲這時股價已跌了一段，而且未必每次出現這樣的訊號後接下來都會跌，人性的弱點讓他們傾向於再賭賭看，想要等反彈再賣。事實上，有些人總要拖到股價跌到他們受不了時，才訴諸本能跟著大眾多殺多。

二、資訊的不對稱：效率市場的另一個基本假設是，情報會即時公開，但事實上在股市，相關訊息很容易被隱藏，買賣雙方存在著資訊不對稱。就像一個被動過手腳的硬幣，出現正面和反面的機率不是隨機的，在股市這個詐欺市場，內線人士經常藉由操縱消息面的發布時機來動手腳，所以股價走勢不是隨機的。

假設某家上市櫃公司接到大訂單，內線人士有可能先封鎖消息，從市場吸購自家股票。如果市場眞的有效率，下這筆訂單的公司也會有人知道這個內幕，當他們同時在市場吸貨，勢必引發接他們單子的營業員聯想到這支股票可能有重大利多正在醞釀，因而呼朋引伴來跟進，造成股價迅速反映這個潛在利多，使得內線人士不易在低檔吃到太多貨。

但實際上，內線人士不是省油的燈，握有重大利多時，他們可以在多家證券商透過人頭戶分散買進，也可以先發布公司的利空消息來壓低進貨，可以和外圍主力掛鉤，別人很難在第一時間大量跟進。

甚至，沒什麼利多時，他們會製造假利多，誇大自家公司的營運，或宣稱公司將跨入某熱門領域來坑殺法人，或透過假外資的方式吸購自家股票，而散戶看到法人進場，也跟著上車。有時，內線人士出不了貨，尤其當他們知道自家公司營運變得很艱困時，還有可能會利誘法人操盤人用公款來承接他們丟出去的籌碼，然後按承接金額給配合的操盤人佣金。

由於我們在消息面和資金實力都無法與公司派、法人和主力相抗衡，因此，與其追逐內線消息，不如多花點心思來學技術分析。因爲某家公司基本面有了明顯的變化，多少會反映在股價和成交量上，我們可以訓練自己在消息面醞釀或剛發酵的階段就發現即將大漲的股票。

例如，我們可以鎖定在低檔接連拉出兩支漲停板的股票，在這種脫軌的行爲背後，常常是由於有人知道一些內線消息，所以買盤才會顯得特別急切；我們也可以審視經紀商進出表，觀察買盤連續好幾天集中在某些券商的個股，這樣也可以嗅到大戶吃貨的蹤跡。雖然我們因爲不知內情而不敢買太多，至少還可以掙到一點湯喝。

三、政策的限制：由於資訊的不完全與資訊的不對稱，以及市場大戶操縱股價，股價經常暴漲暴跌。爲了維持金融秩序，政府常常插手干預，最常見的是漲跌幅的限制以及個股平盤下不得放空的限制，這些限制會導致市場訊息未能立刻且充分地反映在股價上。

例如民國九十七年金融危機時，台股現貨和期指跌停板的幅度，一度由七％降爲三・五％，股價更容易跌停，也更好操作。如果我們在股價跌到接近第一支縮水的跌停板時，聯想到股價跌停意味著賣壓還沒宣洩完，後市看跌，如果這時我們的持股比率仍高或想跑個短線，因爲那時跌停板的跌幅只有原來的一半，在少賠了三・五％的情況下，更能堅決地在跌停價賣出股票，再伺機補回來。至於手上沒有股票或是手上持股一開盤就跌停鎖住的投資人，雖然當時政策禁止放空股票，但還是可以拋空期指。

我隨時關注率先漲跌停板的個股。我在追進領先大盤漲停的股票時，如果漲停價委賣的張數不多，我在看到漲停價的下一檔時就會去追，尤其當單筆成交量出現大單時；如果漲停價委賣的張數很多，等漲停價掛出的張數被消化得差不多時，我也會買。

如果市場眞的有效率，我們運用一項法則的勝算和知道這項法則的人數呈反比，但我長期以來，運用漲跌停板來操作股票卻一直很順手。我想，一般人不太喜歡買漲停板的股票，可能是因爲不敢追高，或是因爲追漲停板的股票，當天已沒有差價，他們寧可買離漲停還有好幾檔的股票。

甚至，有的人喜歡賣漲停板。在股價久盤後出現第一根漲停時，他們有賺或少賠，就把股票賣掉了。話說回來，就算每個投資人都懂得利用漲跌停來做股票也無妨，因爲同樣是漲停或跌停的股票，還必須綜合其他法則來分出優劣。

我入這一行就是爲了打敗股市。我不會去買股票型基金或台灣五十，也不會在買進股票後就長期持有，我從積極的換股操作中開發更實用的技巧。雖然，我有時也會突然變得不會做股票，但如果把時間拉長到整個年度來看，只要給我一台看盤用的電腦和一支電話，我就能打敗股市。我想，在台股復徵證所稅後，對積極操作的人來說，雖然更可能被課到證所稅，但還是得積極操作，因爲這是最容易打敗股市的方式。

第二篇

技術分析比你想像的還有用

第7課 經過比較，才好做選擇

輸家只注意股價上上下下
贏家還進進出出

做股票無非就是不斷選擇的過程。儘管有時我對大盤或個股的漲跌毫無方向感，但經過比較不同的個股，機會就跑出來了。我以盤勢和技術面爲主，以基本面爲輔，作爲汰換持股的依據。不同的個股一經比較就有優劣，有了優劣，我就知道如何取捨。懂得放手，讓我得到更多，我用比較的觀點，豁然開朗地看到了一片新天地。

民國七十七年，我二十六歲，那一年的九月二十四日，是我在股市「轉大人」的日子。在此之前，股市已經從民國七十六年底的二三九七點，在不到九個月的時間急漲了六千多點（見P.340的圖）。九二四之前的兩個交易日，股市全面噴出，九二四當天，股市持續沸騰，在開盤後幾分鐘才到達號子的投資人，擠到營業廳時，幾乎所有的股票都已經漲停，勝負已定，剩下的時間變成聊天時間。

當天，我本來想逢高出脫持有的五張太設，但太設早就高掛一〇三．五元的漲停價，漲停板掛進了一萬多張，我捨不得賣。在個股幾乎全面漲停惜售中，我注意到亞泥在一四六．五元的漲停價位開了又關，關了又開，賣壓不斷的湧出，因而心血來潮，放空了二張亞泥。

收盤後，我和幾位股友在餐廳慶祝，突然間，也在玩股票的餐廳老闆慌張地走過來，告訴我們一個青天霹靂的消息——財政部宣布復徵證所稅，頓時，原本的歡笑化爲沉默，一場慶功宴變成了「告別式」（向金錢告別）。經過這麼多年，每當有人提起當年的證所稅事件，我有時還會試圖回想，那一天，失魂落魄的我們離開餐廳時，到底有沒有付錢？

從盤勢和線形比較個股的強弱

在那段崩盤的日子，幸好有那筆亞泥的空單陪伴我。當時，市場人士議論紛紛，說亞東集團的股票包括亞泥、遠紡和遠百，在證所稅宣布復徵的前幾天不約而同爆出大量，會不會是政商關係良好的公司派聽到了什麼風聲？此後的一段時間，投資人更以亞東集團股票的走勢來作爲政策多空的風向球。但我覺得這只是當時炒作亞東集團股票的主力正巧利用市場沸騰時機來大筆出脫，而我不知道什麼事正要發生，只是藉由盤勢的比較，做了一筆好交易。

九二四事件讓我見識到股市「翻臉如翻書」，也讓我學到，風險是可以進一步控制的。在此之前，我放空股票只是爲了鎖定我參與除權的個股尚未發放的股票股利；從此，我發現經由多空對作，我還可以規避大盤不確定時的風險。

我的一位股市啟蒙長輩，在九二四之前市場走大多頭時，總是樂觀的說「股票是有價證券」，意思是說，股票有一定的價值。當時股票尚未實施集中保管制度，他甚至建議我，領到買進的股票後，把它們撕掉，因爲申請補發需要一段時間，這樣才不會輕易地賣掉。然而，在九二四之後，他卻只敢做當天軋平，不再留股票過夜，以免夜長夢多。

儘管當時我做短線，但也沒做那麼短。我覺得當軋的方式不但辛苦又浪費交易成本，還會造成我們一看到持股亮燈漲停就急著賣出，因爲當天最高也只能賣這個價；如果該股漲停後量縮惜售，日後我們很可能要用更高價才補得回來。資金有限的我，如果對大盤的趨勢有一定的把握，當然要在漲勢時傾全力押注強勢股，在跌勢時出清持股。只有在對大盤的走勢茫然，我才根據個股的相對強弱勢來多空對作，這除了避險，主要是讓我增加練習的機會，我並不認爲自己會厲害到在走勢不明朗時，可以靠多空對作或忽多忽空而賺到大錢。

愈常做選擇，愈能輕易的做出選擇

我在看盤時，主要關注的是設定自選股的畫面，這裡頭包括我的持股、指標股和我當天感興趣的股票的報價，自選股的成員隨時會改。我還會不定時把畫面跳到個股的漲跌幅排行，從當天走勢最強的股票中過濾它們的線形，這有點像我們在ＫＴＶ，常從點播排行榜中選歌。尤其當大盤在大跌或久盤後出現第一根長紅時，由於後市看漲，我當天盤中會更頻繁地巡視漲跌幅排行。有一次，我在收盤後去拜訪一位股票做得很好的朋友，發現他看盤的桌面上擺了兩台電腦，一台看自選股，一台看個股漲跌幅排行，他看盤的工具更完備。

個股之間可以用線形和盤勢分出優劣。線形類似時，盤中先漲停的比後來才漲停或沒漲停的強，跳空漲停的比開高拉漲停的強。做比較時，我通常會先看大盤的位置。當大盤跌深剛反彈時，同樣是即將漲停的股票，我傾向買之前跌最深而剛反彈的，而不是已有一段反彈幅度的；當大盤趨勢剛翻多時，我傾向買領先大盤翻多或領先大盤創波段新高的個股，而不是買趨勢落後的個股……。當大盤逼近長期下降趨勢線，我不再積極換股，而是等著逐一賣掉手上露出頹勢的股票。

同類股之間通常線形比較類似，較好做比較。有時，某支股票即將領先大盤漲停，如果它的線形看好，而我手中原本持有和它同一類股的股票，我會多買一些這支領導股，然後，等手中的同類股跟著漲上來，或即使後者並沒有漲上來，我都會把它賣掉。因爲帶頭上漲的股票之所以漲停，可能背後有只限於這支股票的個別利多，而不是整個類股的利多，甚至，率先漲停個股的利多是其他同業的利空。但如果已知道某個類股出現利多，若追不到該類股中最先漲停的，我也會考慮轉而去追進第二強勢的股票，例如當大選後政治情勢對資產股有利時。

可以比較的對象愈多，愈好做比較

但有時個股之間的高下也不是那麼好分辨。在我還運用券商提供的融資時，在多頭市場，當我的資金快動用完了，有時看中的兩支股票難分軒輊，如果兩者都可以融資，我會各買一些，以免因爲難下決心而延誤時機；如果一支可以融資，一支不可以，我傾向買前者，這樣才能買更多。

民國八十七年，摩台指上市不久，我自以爲已經很厲害了，而揮軍期指。同樣都是作多，操作了一年，在期貨市場的獲利率很低，在現貨市場的獲利率卻很高。我體會到，在指數沒什麼變動下，操作指數難於買賣個股；而且，我的專長在於選股，相對於指數是由很多權值股股價加權後的平均值，很難找到明顯的比較對象，個股走勢經常分歧，一經過比較就高下立判。

民國八十八年下半年，在多頭漲勢中，我的一位好友給我出了一道難題，他請我在他出國的一個月內，「逢高」賣出他持有的股票。當我逢高逐一賣出他的每檔股票後，股價卻又很快的創下新高，令我覺得很對不起他。

我發現問題出在這位朋友指定了一個月的期限，而且我只能賣不能買。不要說當年，即使在今天，我也抓不準某檔股票在未來一個月內的相對高價，我擅長的是在漲勢或盤整中，對自己的持股不停的汰弱換強。

我也體會到股價的莫測高深，只有在頭部或底部出現一段時間後，我才有後見之明。不過，這已足夠讓我在市場上賺錢。我的優勢在於我可以廣泛地比較每一支股票股價的消長，用一套慣用的訊號來招呼自己進出場，而不是買來買去就那幾支老面孔，正如李佛摩所說：「**我操作一種系統，而不是操作一支喜愛的股票。**」

閱股無數，才有識股之明

「操作自己熟悉的股票」沒什麼不對，但這個論點往往會阻礙我們熟悉更多的股票。我們熟悉的股票可以只有幾支，也可以有好幾百支，差別在於每個人的格局和勤奮程度的不同，以及是否擁有一套系統化的方法。熟悉的股票愈多，不代表持股的家數就要愈多，但因爲有愈多的選擇，如果我們有比較的方法，我們愈好做選擇，愈懂得拿捏個股之間的進退。就像一個人在適當地和一百個人應對過後，比起只適當地和十個人應對過，絕對更善於觀察人際之間的進退。

我驚訝的發現，換股操作得愈積極，會漲的股票就像會自己跑來找你；正如我們看ＮＢＡ時，跑位愈積極、靈活的球員，愈能跑出投籃的空檔，而球愈可能傳到他手上。

但一般人傾向於不換股操作，這除了交易成本的考量，還包括以下三點不理性的原因。

一、「作為後悔」比「不作為後悔」更強烈：就像在考試中，我們先寫了一個答案，後來又覺得另一個答案好像也對而想要改，如果堅持用原先的答案，卻在事後發現一度想要改卻沒改的答案是對的，這種「不作爲後悔」不會令我們特別難受；但如果改了新的答案，卻在事後發現原先的答案才是對的，這種「作爲後悔」帶來的痛苦更強烈。同樣的，「換股的後悔」比「不換股的後悔」更強烈，這使得一般人不輕易換股；而且，持有股票的時間愈長，它們又沒什麼表現，持有者對它們投入的情緒成本愈高，愈傾向不換股。

二、怕麻煩：投資人以爲要換股就要比較更多的個股，事情變得更複雜，尤其當掛牌的公司家數變得愈多，愈不容易下手。但事實上，可供比較的對象愈多，愈好換股。

三、下意識裡害怕連錯兩次：一般人不只是害怕換股後，賣掉的持股比新買的持股漲得比較多或跌得比較少，更害怕原本不會漲或只會跌的持股，偏偏一賣掉就大漲，而在此同時，新接的部位卻大跌。

賺股票最會漲的那一段

事實上，有的人換股操作，就真的連續犯錯。像我一位朋友，在民國一〇〇年十二月初瞄準了兩支股票——聯發科和宏達電，結果買了聯發科。此後，聯發科載浮載沉，宏達電卻一路上漲（最多漲了五成），他忍耐了三個多月，終於趁著宏達電小幅回檔，賣掉聯發科，換了六〇〇元的宏達電；到了民國一〇一年八月初，宏達電剩下不到三〇〇元，而聯發科在他賣出後卻還小漲。

不要說別人，就連我剛開始運用比較原則來換股，也常怪自己，「幹麼把自己累個半死還『掠龜走鱉』？」但還好我持續換股操作。隨著操練的次數愈來愈多，愈來愈抓得住做比較時的關鍵細節，我才發現每一次的進出都有其意義；隨著更多種類股票從我手上來來去去，我再也無從計算換股操作是不是賺得比較多，只知道資金愈滾愈大。

我出版了第一本書後，有更多朋友請我幫他看某支股票的線形，希望我給個建議，但通常該股離適當的買（賣）點已有一段漲（跌）幅，或處於走勢不明朗的盤整期，所以我也提不出什麼建議。但如果他同時問我幾支個股，我至少能約略比較出孰優孰劣。我同時而且隨時注意很多個股，就是希望能找出相對會漲（跌）的股票，尤其希望能在它們出現強烈買進（賣出）訊號的第一時間採取行動。

時間就是風險，也是成本，我覺得做股票時，抓住漲勢確立的訊號，比抓住底部更容易也更有意義。買進股票的時機比價位更重要，往往付出的成本要更高，才更確定股價要漲了，我要賺的是股價最會漲的那一段，而不是看股價便宜就買起來等。

換股，讓每一分錢的運用更有效率

我們買股票就是要賣，但「有賺錢」不該是賣股票的理由。我賣在個股漲不上去或要下跌了，或資金有更好的用途時；我重視賺錢的效率，奉行「漲久不如漲快」。在多頭市場，我重視的不是某支股票「總共讓我賺多少錢」，而是「在多久的持股期間內，帶給我多少的報酬率」。如果我能持續抓到會漲得更快的股票，雖然我只賺到過手的股票中漲幅的一段，但把每一段利潤加起來，相當於我持有的股票漲得快又漲很久。

我更驚訝的發現，在積極換股的模式下，如果自己的氣勢正好，賺來的錢實現後，又可以用來做融資的保證金，操作的規模比抱牢持股時滾得更大，每一分錢的運用更有效率。比如說，融資保證金須自備四成，我以一百萬元的自備款，買了大約二百五十萬元市值的A股，在該股上漲兩成時，持股的總市值來到三〇〇萬元；如果我覺得B股會漲更快，而賣掉A股，扣除進出成本，獲利四十八萬多元，連同原先一百萬元的自備款，我可以買進大約三七〇萬元市值的B股，操作規模比不換股時多了二十三%。當然，如果我們就同一支個股來回操作，也能擴大相同的操作規模。

同樣的，在積極換股的模式下，如果自己的氣勢不佳，賠掉的錢實現後，即使要再度十足的運用融資，可以買的金額卻變少了，操作自然轉趨保守。這相當符合我「連贏要衝，連輸要縮」的操作原則。

新的，你會更喜歡

以前，手中股票賠錢時，我只會等著解套。懂得換股操作後，我的操作模式逐漸從「被迫解決問題」轉型爲「主動尋找機會」。只要找到看來更會漲（甚至是較不會跌）的標的，就可以汰弱換強；如果手中持股是賺錢的，我也不必操心何時該賣，只要找到更會漲的標的，問題就迎刃而解了。等到似乎很難再找到可能更會漲的股票時，大盤可能已經轉弱了，這時就要嚴控持股比率，只賣不買。

我有一位朋友學習技術分析很多年，她說她愈來愈會選股，卻總是因爲之前買的股票還在賠錢而捨不得換，經常錯過了飆股；就算買了新標的，也因爲沒剩下多少錢，只能買一兩張。她用台語調侃自己，「愛不對股，擱不甘放手。」我覺得，在人生重要的事物當中，有些即使可以選擇，也不能說換就換，例如情人不能說換就換，因此我們不能充分練習；然而，股票需要人接棒，我們在換股時，不必受道德約束，不必帶感情包袱，如果我們充分操練而懂得做對照，不僅可以從迎新棄舊中得到樂趣，更可以得到利益。

第8課 決定股價的關鍵因素

輸家用基本面保護技術面，卻總在股價大跌後才知道基本面已經變壞

贏家從股價走勢所透露的訊息中，尋找股價大跌前的警訊

經歷過新手上路時期繳學費的階段，我看到了威廉·歐尼爾所說的「**供需法則比華爾街所有分析師的意見更重要**」，我重拾經濟學課本，希望從供需理論中識破股票漲跌的天機。我意外的發現，天文學家兼經濟學家賽門·紐康率先提出的交易方程式MV=PQ，雖不能用來計算股價，卻陳述了影響股價的關鍵變數和變數之間的關係，我把其中的變數修正為，M代

表流入個股的資金，V代表個股周轉率，P代表股價，Q代表該股流通籌碼的數量。

方程式的左邊代表需求，右邊代表供給。股價最易漲的情況是M和V增加，而Q下降。科斯托蘭尼的座右銘「**股市的漲跌都取決於市場的傻瓜比股票多，還是股票比傻瓜多**」，就點出同時影響股價的M和Q這兩項因素。

股價是錢堆上來的。流入個股的資金取決於該股相對於其他金融商品和其他個股的吸引力，這不僅取決於總體面的因素（如利率、匯率和政府對股市的政策），以及個股基本面的因素，還要看個股的技術線形。所謂：「股票連三紅，散戶不請自來！」指的是就算沒有基本面配合，但人氣旺了，股價也可以炒高。

個股周轉率就是在單位時間內股票換手的次數。在某種程度上，股票周轉率升高，形同流入資金增加，有利於股票的上漲。在我長期觀察經紀商進出表的過程中，有好幾次在空頭市場，一些長期量縮的個股，突然在某些券商出現集中買盤，儘管該買盤在幾天內，甚至在當天，就反手賣出，該股股價也在上漲後隨之拉回，但該股卻在成交活絡後，從此開啟了由空翻多的契機。

公司派大股東占盡主場優勢

愈多人進場買股票，股票愈可能上漲，但如果有人源源不絕供應籌碼，等到每個潛在買盤都買了，股價就要反轉。一家上市公司流通在外的籌碼愈少，對股價愈正面。比方說，某家公司出現意料之外的大利空，如果該股的籌碼幾乎鎖在長線投資者手上，他們也不急於對消息立刻做出回應，而且市場上沒有券可以放空，消息就不會立刻完全反映在股價上。

原則上，股本愈小、上市時間愈短的股票，流動籌碼愈少。籌碼從大股東手上散出，在市場上轉來轉去，等到股票重回它原來主人——大股東——的懷抱，經常意味著股價超跌或公司的營運即將好轉，如果這時大股東也有充裕的資金，股價更可能翻多。

但我們怎麼知道籌碼的歸宿呢？我除了參考大股東持股比率的高低以及變動情況，還會參考融資餘額。一般而言，融資比率愈低的個股，籌碼歸宿較好。但最直接的方式是看成交量的變化。

記得當兵時，我每次在休假日回台北的號子看盤，在靠近我營業員的櫃台邊，總會看到一群歐巴桑圍著一位被稱爲「廖老師」的中年人，聽他發號施令。不管行情急拉或急殺，廖老師總是神色自若，好像盤勢對他來說毫無祕密可言。我好幾次忍不住把身體湊過去，想聽聽看他在說什麼，但號子很吵，聽不清楚。

退伍後，在民國七十八年底，我重返這家號子看盤，人潮依舊，惟獨不見廖老師。我向營業員打聽，才知道廖老師賺了超過十億元之後，不久前全家移民紐西蘭。過沒多久，股市崩盤。

成交量是一種相對的概念

民國八十一年底，我的營業員告訴我廖老師回台灣了，並約我和廖老師吃飯。席間，我問廖老師，怎麼知道要在崩盤前先走一步？他說，他在民國七十八年十月陸續出場時，每支股票都爆量大漲過，而且好像都已經漲不上去了。他還說，在紐西蘭整天釣魚好無聊，知道台股在大跌萬點後反覆打底了兩年多，籌碼趨於安定，加上市場又添了一批新上市的電子股，所以他回來了。

我回家後研究了線形，發現民國七十七年時，指數在短短九個月從年初的二千三百點漲了六千多點，單周成交量僅從原本一千億元左右擴增到三千億元左右，但在民國七十八年十月，指數只不過又再漲了一千多點，七千億元以上的周量卻經常出現，原本安定的長線籌碼已大筆出籠，難怪廖老師起了戒心；而等到民國八十一年年底前的一兩個月，周成交量更一路壓縮到五百億元以下，而股價似乎是跌不太下去了，或許這正是他準備進場的原因。

結果，在廖老師進場後不久，台股由電子股領軍，從三三〇〇點連續漲了四年多，漲到一〇二五六點。

經過自己在市場上的驗證，我愈來愈認同廖老師「量大做頭，量小打底」的觀點，但是，要把成交量和股價擺在一起討論，成交量本身不能作爲技術性的指標。原則上，我不怕量能急速萎縮，尤其在股價大跌後，我怕的是量能擴增太快，尤其在股價大漲後。多頭行情時，大量之後還有更大量，量價一波比一波高，然而總會出現一次大量之後不再有更大量，如果我們太迷信「量大非頭」，很可能在量能無法進一步推升股價時被套牢，尤其當出現近期最大量而股價收長黑時。例如民國九十六年七月二十六日，大盤在急漲四千點後，爆出三二二〇億元的巨量，收兩百多點的長黑，當時媒體大多解讀爲「量大非頭」，事後證明是「量大回頭」（見P.204的圖）。

但成交量要暴增到之前底部量或近期日均量的幾倍才算危險？這很難量化。根據我的觀察，大盤自民國九十年九月至九十七年底，總共出現九次較明顯的漲勢中，有四次頭部量大約是之前底部量的三．一～四．四倍，但這個比率也曾小到一．六倍，大到七．一倍，因爲落差太大，所以不能取平均值來做參考的依據。我判斷頭部量的方式還要參考價格的變動。如果大盤或個股在急漲後爆量而當日價大跌，我會減碼，如果接下來，量能和股價同步走低，我會持續減碼，因爲這表示股價和量能可能都已做頭。

股價反映預期心理

了解了影響股價的重要變數，但我卻無法搶先一步預知它們的變動，也不可能知道它們之間如何互相影響，更不能解讀股價是否已提前反映這些變動，所以還是無法預測股價。例如，是因爲外資大賣超，所以台股大跌？還是因爲外資看到台股下跌，所以擴大賣超，因而加重跌勢？還有，外資會持續賣超嗎？

而且，我看到的很多情況不是供需面的改變而影響了價格，而是預期供需面會改變的心理左右了價格。例如公司派為了營造容易調節持股的環境，總會誇大該公司的營運前景，巧妙地利用耳語來傳播，細節描述得愈詳細、愈量化，或該題材正流行，更能激發預期心理；尤其當報明牌的人慷慨激昂地告訴你，「這個消息來自公司最高層，只告訴你一個人」，或「你現在買的價格和公司派買的一樣」，更吸引人。

而最具感染力的是這則消息白紙黑字印成鉛字，登在報紙的頭版頭條。就像媒體上的賣藥廣告，很多人以為在眾目睽睽之下，媒體敢報導，就有一定的可信度，但其實我們應該合理的懷疑，對某家公司評價很高的人士，不管是擁有該股才看好，還是因為看好該股才擁有，是否滿手股票，正準備等股價拉上來後倒貨給你？

甚至，我看到的很多情況不是投資人基於消息面變得更好而願意支付更高價，而是因爲看到價格已上漲而去買。由於預期心理，股票有別於一般消費品「價格上漲會抑制買氣」的特性，經常愈能漲的股票，只因爲投資人預期還會漲更高，愈有人追捧，價格可能只因爲價格已上漲而上漲，和總體經濟或上市公司的營運無關；同樣地，價格可能只因爲價格已下跌而下跌。

飆股是炒作出來的

投資人都喜歡一窩蜂。股價愈疲軟，愈乏人問津，大家都在等更低價，但一出現反彈，走勢愈強勁，愈多人搶買，大家惟恐買不到。而洞悉人性、懂得行銷的公司派和主力，又利用「愈買不到愈想買」的人性來操縱股價，動輒把股價拉到漲停來營造上漲的氣勢，讓猶豫不決的人下定決心跟進。市場主力並在漲停後大筆掛進，製造惜售的氣氛，以遏阻賣壓。他們還拉抬股價，造成股價頻創新高，讓投資人覺得「再不買會後悔」。

這不是說我們不能追漲停或創新高的股票，而是說在追漲時要看股價的位置。

比如說，原本在十五元盤整的某支股票，突然急漲到三十元，這時原本在十五元想買而沒買的人就會很懊惱；如果股價在三十元盤整一段時日後，又急漲到五十元，這時懊惱的人不但更多，他們更害怕如果不買的話，股價會像之前一樣又再漲一波，終於忍不住進場。如果主力想在五十元附近出更多貨，最好是配合關於該公司利多的報導，讓投資人強烈感受到，這家公司的體質已完全不同於往昔十五元或三十元時，而能更快接納或適應這麼高的新價格。

但也有可能，潛在買盤的參考點還停留在十五元或三十元，嫌五十元的股價太高了，而不跟進。主力在出貨不順下，於是再度把這支股票拉抬到七十五元，然後把股價往下殺回五十元。同樣是五十元，即使這時的基本面並未比之前拉到五十元時更好，技術面甚至是更差了（因為頭部已隱然成形），卻有可能吸引到大量買盤。

在這些新增加的需求裡，有一些是根據「強勢股逢拉回買進」的原則而進場，殊不知該股在拉回過深後，原本的漲勢很可能已變成跌勢。也有一些人是因爲記憶而進場。他們或是因爲錯過了之前從五十元漲到七十五元的那一段行情，當市場再度給他們機會，自然不會放過；或是因爲把參考點提高到七十五元，認爲原本要賣七十五元的股票（尤其是這個高價才出現在不久之前，記憶猶新），現在只要五十元就可買到，實在是太便宜了，他們預期會出現反彈。

只管線形，不必管外資買賣超

在《股票作手回憶錄》中，李佛摩提到了他炒股的心得。他說：「**股票要盡量炒到最高價，然後一路壓低，散給大眾。**」他認爲，除非出貨的時機選擇得太晚，投資大眾已吞下了其他的誘餌，否則，出脫一支股票的主要方法，是要一路往下賣。他回憶起，「**在股價下跌時，可以出脫這麼多股票，的確令人震驚。**」他給投資人的忠告是：不要只因爲股價從頭部下跌多少塊錢，就進場撿便宜。我從中得到的另一個啟示是：既然主力總是把股票炒到最高價，然後才一路壓低，所以我們不要預設立場，賺個兩成就跑。

雖然我很難知道公司派或主力到底怎麼想，但只要從技術線形中評估買盤還是賣盤更勝一籌，我就能判斷市場的多空，就能兼顧到各個環節。我變得愈來愈不重視基本面的最新變動，尤其更不重視總體面的變動。

例如，以前收盤後，一看到外資今天大賣超，我總是坐立不安，後來才知道，就算外資今天大賣超，明天股價也未必走跌。因爲外資的買賣超雖然會影響市場心理，而造成價格波動，但還有其他很多事情也同時會影響到市場心理，然後才影響股價。這些影響因子都逐一加總，反映在代表市場心理的技術線形中，所以我只要從技術線形中判斷市場是偏多還是偏空，還比較直接。

就算外資今天的大賣超還未充分反映在當天的線形中，會持續在次一個交易日開盤時造成衝擊，但我知道時已於事無補，我只需要隨時注意最新的技術線形，而不必去管外資的動態。其實，基本面和總體面的很多事，我們總是事後才知道。像民國一〇〇年二月上旬，在股價持續重挫後，我們才從媒體上看到，「央行總裁彭淮南證實，這一波外資已撤出亞洲。」

股價並不是單獨由價值決定的。在一支股票暴跌（或暴漲）五成的前後，股票的內涵可能並沒有改變，變的是市場的人氣。股價取決於供需關係，但決定股價的供需兩股力量不是獨立的，而是會互相影響，像買方搶購會造成賣方惜售，賣方拋售會引起買盤縮手，投資人在做買或賣的決策時，易受到主力、大戶的操縱。爲了不會任意受到預期心理或參考點的牽引，我們要透過技術分析來衡量供需的相對力量，推敲股價將往何處去。

第9課 基本面的比較

輸家聽到所謂的內幕消息，感謝都來不及，哪裡會對這消息的真偽加以懷疑

贏家多疑，懷疑公司派會利用內線消息圖利自己，質疑提供消息的人的動機

我大致上相信純粹技術分析學派「技術面已經涵蓋了基本面」的觀點，但我還是會涉獵市場消息，主要的理由是，基本面的消息是我進出股票的指引之一。我尋找即時、可靠又有用的資訊，跟進可能同樣會吸引到別人的題材股，而在題材已大致反映、無法落實或已經失寵時出場。此

外，由於漲（跌）停板限制，消息有時不能一下子完全反映在股價上，使得消息面還有剩餘價值。

我還依照消息面的發展來印證或修正看法。當大盤或個股沒傳出重大消息，而技術線形面臨攤牌時，時間不容許我對消息面追根究柢，我先做決策再說。但如果知道發生了什麼事，就可以拿來和技術面相印證，至少可以避免在開盤前貿然掛進傳出突發大利空的股票，或掛出傳來突發大利多的股票。

例如民國九十九年三月十七日，指數以長紅突破三月十一日的近期高點七八一八點，並攻上六十日線後，指數理應上攻卻沒有上攻（見P.180的圖）。我正想，要不要先減碼一些？看到報紙才知道，原來是國安基金正在大規模釋股，壓抑了漲勢。我當時決定多觀察幾天，等國安基金釋股告一段落後，看大盤怎麼走，再做定奪。幾天後，大盤展開攻勢，我也放心了。

資訊在精不在多

劇作家莫里哀說：「知道太多的傻瓜比無知者愚蠢兩倍。」篩選基本面的資訊時，並非每一個層面的訊息都要照單全收，而要直接切入強烈影響股票漲跌的因素，然後視不同的產業和市場當時的喜好來做調整。關鍵因素當然是盈餘，而且永遠都是。盈餘的領先指標除了營收外，某些產業產能或庫存的消長，經常扮演了關鍵角色。

除了消息面是否有用，我還重視訊息的及時性和可靠性。我重視盤中的即時新聞，尤其是之前尚未在媒體上披露過的消息。我不太在乎總體面的消息，如經濟成長率、貨幣供給額年增率等因素，我較重視上市公司官方公布的營運狀況，不看那些「公司內部指出……」、「法人預估……」、「權威人士透露……」等沒有具名的報導。後來，我甚至不看具名的市場人士對大盤或個股的看法。

我重視單一月分的統計數字，並參考公司公布的預估性資訊，以便及時調整自己對產業景氣的看法。我除了以每季的營收與每股常態性盈餘和前一年度同期做比較，並逐季的做比較外，也關注公司營益率（每做一塊錢生意的獲利能力）的變動，以及公司是否有新產品、新技術、新訂單、新經營團隊。

我平時就會注意公司股本歷年增加的幅度和方式，但在看即時新聞時，我關注的是董監持股有沒有最新變動的消息。我喜歡買進董監持股比率較高而且董監持股比率突然增加的公司，也會買進董監持股比率低但有經營權爭奪題材的公司。但爲了避免董監改選行情只是雷聲大雨點小，不管有沒有賺，我會在股票喪失投票權利的過戶基準日前出脫。因爲就算爭奪經營權的各方眞的爭個你死我活，一旦塵埃落定，取得經營權的一方歡喜慶功，落敗的一方把股份賣掉，說不定還有賺頭，誰會管小股東的死活！

股市是大股東吃小股東的市場

我原本只關心營收、盈餘、負債比率和每股淨值，直到我誤踩了地雷股訊碟和陞技。當年，我因訊碟的每股淨值遠高於股價而買進，當訊碟總是一如其名，莫名其妙地領先大盤「迅速下跌」，我雖然覺得不對勁而減碼，但顧及它每股的高淨值，賣得不乾不脆；直到民國九十三年九月一日大股東掏空公司的消息見報，我才斷然以跌停板四．三九元出清。我操作陞技的情況也類似，只是戀棧的理由換成本益比相對偏低。從此，我變得不太注意股價淨值比，也不那麼重視本益比。

此後，有一段時間，我很注意上市公司的海外轉投資公司是否太多，參考上市公司關係人交易，來判斷轉投資公司是否淪爲做假帳、堆積存貨的溫床；我也會注意上市公司的長期投資及固定資產等是否減損、存貨及應收帳款是否遞增、股票交易是否異常、董監事和大股東質押比率是否偏高、經營團隊（尤其是財會主管）或簽證會計師是否經常換人；我也會注意上市公司發行ＣＢ（可轉換公司債）、ＥＣＢ（海外可轉換公司債）的額度或買地、辦公大樓的支出，相對於其財務狀況和產業前景是否偏高，以及負責發行ＣＢ或ＥＣＢ的承銷商是否具有規模。但這些財務資訊公布時，有時我已上了賊船。

我不禁懷疑，如果時光倒流，我以較充分的財報資訊，能否躲過訊碟和陞技的風暴？不要說公司派蓄意掏空，即使只是經理人爲了領取巨額紅利而美化帳面、隱藏風險，我都暗箭難防！於是，我更加關心股東的結構。

從人性的角度來看，如果上市公司董監持股比率夠高而且董監事不是經營階層，基於自利動機，會比較勤於去監督經營者，如果這其中沒有董事會家族化的問題更好。較麻煩的是，如果董監事持股比率很高，同時也是經營階層，他們做決策時，雖然會更爲謹慎，卻也比較容易自肥。針對這種情形，我們與其寄望公司派不會將私利擺在股東權益之前，不如在介入前留意企業主的形象。

企業形象比基本面數據重要

我盡量不以過去的標準或觀感來評價一支股票，以避免羈絆了對其未來的展望，但這有例外，我不碰公司派形象差的股票，即使其本益比偏低，我寧可不賺這些股票的錢，一來是為了規避投資風險，二來是為了避免助紂為虐。例如，我不碰大股東藉著買賣房地產、發行ＥＣＢ、ＧＤＲ（全球存託憑證）或辦理私募，或藉由分割子公司等名目，以不當的條件或價格自肥的公司；也不碰藉由辦理現金增資或召開股東會軋空炒作，或財報不只一次揭露不實的公司。

我也不喜歡買進市場作手介入經營的股票。通常市場作手介入經營有兩種情況，第一種是炒股炒太凶了，被原先的公司派倒貨，炒股炒成大股東；第二種是錢賺太多了，為了提升形象，想轉型成為企業家。不管是哪一種情況，市場作手不是無心經營就是不懂經營。在經營不順後，有的作手會藉由私募來稀釋小股東的股權，並申報轉讓持股來套利，這還算是比較有分寸的；比較狠的作手，甚至會掏空公司。

除了平時多留意掛牌公司的正負面新聞，比如說，董監事支領的酬勞金占年度盈餘的比率是否偏高？甚至，公司沒賺，董監事是否還照領巨額酬勞？除了上網搜尋，如果有機會，我會向該公司的同業或上下游業者打聽，避開風評不好的經營者。

我有一位朋友，因爲買股票的錢不夠，而在我的帳戶下單。沒多久，他在我這裡的股票一路走低，我代他賠的錢愈來愈多，他卻一直不聞不問；過了三、四年，這些股票離解套還很遠，他打電話來了。

他說，他現在在某家上櫃公司擔任發言人，一再暗示我，他們家的股票可以大買。他的口氣很誠懇，看來似要回饋我明牌。我把該股的線形叫出來，一看，股價已領先大盤逼近近期高點，只要加把勁，股價似乎就要展開波段行情。但我一想到該公司董監事持股只占七％、質押比率超過五成，而且老闆以愛炒股票聞名，幾經掙扎，實在買不下去。然後，我眼睜睜看著該股一路急漲三成。直到該公司大幅虧損的消息登在日報頭版頭條，股價無量跳空跌停，我才釋懷。過沒多久，這支股票被打成全額交割股。

訊息多了，思考就少了

當行情如過站不停的特快車，我不會苦苦等待某支股票的拉回，隨時會找股票切入。我在盤中掃描最新消息，尋找超出市場預期的利多，每多看一個消息，就多一個切入市場的機會。如果出現利多的個股是主流類股，而該股近期漲幅相對其他同類領導股，並沒有多很多，我會用「我準備賣掉的股票也有一段漲幅」來自我安慰，追進已經漲更多但看來更會漲的股票，不管它短線是否拉回。

雖然每一百條資訊，可能只有兩三條値得進一步探討，但爲了怕漏掉極少數有價值的資訊，我在盤中還是得一一掃描全部即時資訊的標題，有必要的話再看其內容。後來，提供即時新聞的資料供應商更多了，每家挑選新聞的策略是「搶不到獨家，也不要獨漏」，每天光是在盤中送上門的有上千條、太多重複的即時資訊，如果每一條都要看，不只眼睛受不了，也沒時間思考重要新聞和看盤了，再加上我愈來愈不重視基本面和消息面，所以我只選擇某家資訊社提供的資訊來看。

麻煩的是，有些出乎市場預期的新聞在曝光前，知道這則消息要登出來的人已經在幾分鐘前搶買或搶賣，造成股價已先行反映；而且，如果我們沒有在消息一登出來就看到這則新聞，只延誤個一兩分鐘，價差就拉得更大了，甚至相關個股以漲停或跌停鎖死了。在相見恨晚之下，如果還買得到或賣得掉，我只能退而求其次，用技術分析評估還要不要買或賣。

此外，開盤前一個剛出爐的重大利多，比在盤中才曝光的重大利多，有更多的人知道。這時，或許我們覺得如獲至寶，但問題是別人也伺機行動。所以，這時的決勝關鍵在於要依賴技術分析來判斷：該不該追高？要追多高？

只有在市場氣氛極度樂觀下的利空或極度悲觀下的利多，利空和利多才比較可能顯得原汁原味。市場氣氛極度樂觀時，當重大利空題材股在多頭氣氛掩護下，跟著雞犬升天，正是放空的良機；市場氣氛極度悲觀時，當重大利多題材股和別的股票，就像被秋風掃過的落葉，同樣零零落落時，正是撿便宜的好時機。

鎖定空頭市場中的重大利多題材股

一位老師教過我：「我們應鎖定跌勢進行中的重大利多題材股，等大盤落底後買進。」我在實戰後發現，這樣的說法好比安慰自己「等有空時要去電影院看某部電影」，往往等有空並想起此事時電影已下檔。在股市的實戰中，我們不容易緊盯某支屬意的股票，等大盤打底完成，不是已經忘了這件事，就是這支股票可能已經一飛沖天，因爲別人同樣虎視眈眈。

對於基本面不好而技術面好的個股，我常買進，但對於基本面好而技術面不好的個股，我卻不常買，除非是在空頭市場中基本面出現大利多的股票。在大盤跌勢中，一得知某支股票最新的重大利多，如果它的價格走勢呈現某種穩定性，感覺上跌不太下去或相對其他股票抗跌，甚至已開始慢慢爬升，這些時候是比較安全的買點；但我不一定會等這樣的時機出現，只要該股適度地反映了大盤的下跌，即使線形偏空，我也會買進。

在大盤可能續跌的考量下，在買進的同時，我減碼或放空技術面更差或基本面沒那麼好的個股，或是放空期指來控制多頭部位。眞正擁有了一支利多題材股，我才能與它共存亡。如果大盤持續打底或探底，它卻逆勢上揚，我會加碼買進，因爲我知道，它將像早春的櫻花領先綻放。

對於基本面資訊的萃取和研判，我起初也沒把握，可是結合了技術分析，就如虎添翼。我慢慢知道，關鍵不在於消息有多好或有多壞，而在於當時的價位，所謂「好消息，好價格；壞消息，壞價格」。要評估消息面是否已完全反映在股價上，必須回歸到技術線形。一旦出現可能值得注意的基本面數據，我叫出看盤電腦中的資料來對照比較，有必要進一步評估的話，接著我把技術線形叫出來，並視需要在電腦螢幕上畫線，一貫作業地快速決策。我的命運不是決定在虛虛實實的市場情報，而是掌握在自己的指掌之中。

第10課 技術分析比基本分析好用

輸家為了符合自己的感受，有時以基本分析為主，有時以技術分析為主

贏家在技術分析和基本分析之間選一個為主，並全程堅持以這一個為主

《上億資金怎麼玩？》一書中提到，「**想靠著看報紙判定世界大事，就像看著分針，想知道幾點鐘一樣。**」我把它改爲，「想靠著市場上已經知道的基本面判定股價後市，就像看著分針，想知道現在的時間一樣。」但

我認爲，想靠著技術面判定股價後市，就像只看時針而想知道現在的時間一樣，可以大略知道。

剛出道時，從《我如何在股市賺了二〇〇萬美元》這本書中，我很驚訝地看到作者達瓦斯除了禁止他的營業員向他通報消息，還每天把買來的晚報股價欄撕下來，接著直接把金融版面的其他內容扔掉，他說他不想去看那些有關財政金融的報導或評論，不管這些消息有多正確，都只會導致他脫序。我百思不解。

民國八十年初，敝公司新任的總經理嚴禁我在公司內傳遞任何市場消息，以免這些「噪音」干擾了他的技術訊號，我第一次親眼看到竟然有人不聽消息就可以做股票。但當時我對這項規定，表面上不敢有意見，私底下卻頗有微詞。

價値很難定，趨勢較易抓

我原本沒有市場消息就不能做股票，後來聽到一位大戶的經歷，我比較能體會爲什麼達瓦斯和我公司的總經理拒絕聽市場消息。這位大戶有一次買了一大堆光寶，有一天營業員通知他光寶廠房發生火災，他全部殺在跌停板，賠了一千萬元，收盤後光寶公司發布新聞，表示火災全部損失一千萬元。隔天，光寶股價開始大漲。同樣損失一千萬元，這位大戶消遣自己：「人家公司還能全數獲得保險理賠，我卻沒有。」從此，他嚴禁他的六位營業員向他通報市場消息。

在股市歷練了超過十年，我更體會到，市場消息即使是正確的，也很容易誤導我們。這是因爲投資人所能接觸到的基本面或消息面的資訊，只占影響股價龐大因素中的一小部分，何況投資人接觸到的只是片片段段的、枱面上的資訊，僅根據這些資料，不但無法對後市做整體的評估，還會羈絆住自己的想法。比如說，一則「某家公司接到大訂單」的報導，可能已提前反映在股價上或在曝光後同步反映在股價上了，卻會在大盤正要翻空時，讓我們失去戒心。

個別投資人雖不能知道市場上所有的基本面或消息面的資訊，但市場整體卻能將這些複雜的資訊加總反映在股價走勢圖中。技術面除了大致反映了已經公開的事，還包括枱面下正在醞釀的事以及買賣雙方的實力和心理，涵蓋的層面更廣。總之，基本面的事比較零碎，技術面的事比較純粹，純粹才有力量；而且，基本面有變化不一定能讓我們賺錢，有差價才一定會讓我們賺錢，股價的變化比基本面的變化更直接。所以，像我的總經理那樣對技術分析很老練的人，甚至可以不靠消息做股票，就足以獲利。

很多人以爲基本分析的「基本」兩個字代表這是做股票的基本功，如果我們知道股價炒得脫離本質太多，或已提前反映了好幾年後的榮景，一旦苗頭不對，我們的手腳要快；反之，如果有基本面做後盾，就算股票一直跌也不用太緊張，因爲股價遲早會反映眞實的價值而漲回來。但我發現股票的價值難定，而且基本面可能有我們不知道的重大變化，所以我們很難界定股價是否漲過頭或跌過頭；何況，超漲或超跌原本就是市場的常態，如果太重視基本面，就不能隨著市場的進展來應變。

做股票最重要的是快速因應新情況的能力

我覺得做股票最重要的是必須對市場臣服，也就是說，要跟著股價走。或許，我藉由觀察盤勢或技術線形的變化，感覺到有什麼事情正要發生，但技術分析不在乎價格波動的原因，只在乎股價將如何波動，所以，我只須藉由股價走勢圖來預測後市，並盡快採取因應的行動，而不用和它爭辯或尋求消息面的解釋，因爲等爭辯完了或事情很明朗時，已錯失良機了。

在股市，要提高勝算，就要注意到別人還沒注意到的事。基本面的事不是不重要，只是我們很難比別人知道的更多。然而，只要對技術分析鑽研得比別人更透澈，我們卻可以比別人早一步下手，而且還往往會比靠基本面操作的人還具有機動性。

例如，誰知道在民國九十六年下半年和民國九十七年初已反映在台股的次貸危機，會風暴變海嘯，持續在民國九十七年重創全球股市？但即使我們完全和外面的消息隔離，只給我們線形走勢圖，我們根據技術分析的最基本原則，在指數大漲後跌破六十日線時減碼，那一次就算不能全身而退，災情也會大幅減輕。

基本分析和技術分析只能選一個爲主

大多數人本能地對基本分析和技術分析兩者並重，以爲用得愈多，能兼顧的層面更多。問題不只在於我們的時間和資源有限，很難兩樣都精通，更在於基本面和技術面的方向常不一致。這些兩者並重的人不但很難在該以基本分析爲主時或在該以技術分析爲主時，正確切換，反而常會選擇基本面或技術面來支持自己的感受，忽而用基本面，忽而用技術面，卻總是用錯時機。例如，有的人因某檔股票技術面轉強而進場，在技術面變差時，因爲捨不得賣，而用基本面持續看好做藉口，等到股價又大跌一段，卻因爲心理上或財務上撐不下去，不管基本面有沒有改變，亂殺一通。

我慢慢由基本面和技術面並重，轉型爲幾乎一面倒地以技術分析爲主，並一貫地使用技術分析，因技術面看好而進場，也因技術面看壞而出場。就像很多男性挑女朋友時，都是先看曲線，再看內涵，我在操作時先看線形，再看內涵，而且愈來愈不重視內涵。

在轉型爲技術派後，有時候有人不好意思直接問我對行情的看法，輾轉地問：「你怎麼看現在的景氣？」這眞的把我考倒了！或許，我從未眞正懂過景氣。以前，我雖然廣泛閱讀報章雜誌來了解基本面，但那只是人云亦云。後來，我逐漸從「先抓產業趨勢，再挑對應個股」的選股模式，轉變爲直接從強勢股中選股。我把研究基本面的時間省下來看更多的線形，這是我在市場上化繁爲簡最重要的一步。

雖然，在我看過的一些書中指出，沒有一種技術分析能持續超越「買進並持有」的策略，但我認爲，在這些驗證中只是逐項地用技術分析中個別的原則來檢驗，而不是用組合式的原則。

招數是死的，人是活的

太單純的法則往往存有太多限制，即使該法則曾風光一時，也會在大家一窩蜂仿效後失靈。例如，如果我們根據「大盤融資餘額跌破二千億元時是買點」這個原則，在民國一〇〇年十二月十九日收盤後，看到大盤融資餘額跌破二千億元，隔天進場可以約略買在六六五八點（取開盤價和收盤價的平均值），事後證明十二月十九日的低點六六〇九點，恰巧是波段低點。但如果我們在民國一〇一年四月九日看到大盤融資餘額跌破二千億元，而在隔天進場，我們會約略買在七六四九點，之後股價卻跌到六八五五七點才止跌（見 P.248 的圖）。

這或許是因爲之前跌幅的不同。在民國一〇〇年十二月十九日指數跌到六六〇九點時，大盤已自九〇八九點急跌了二四八〇點，所以隨後有一波反彈行情；但在民國一〇一年四月九日的情況，大盤之前已自六六〇九點拉出一波反彈，然後才剛從八一七〇點下跌了五六九點，指數可能還沒跌夠，所以不是理想的買點。除了參考之前的跌幅，我們看到大盤融資餘額跌破二千億元時，還可以參考其他操作原則；萬一買錯了，也可以根據其他操作原則做修正。

組合幾項不同的原則，更能從不同的角度評斷後市，不但較能應付各種不同的情況，別人也很難抄襲，較禁得起時間的考驗。逐項的法則就像是一顆顆不起眼的珠子，加上了巧思，卻可以串成一條美麗的項鍊。

在應用組合式的原則時，因爲各個原則的方向不一定一致或同步，所以我們要依賴自由心證，隨著情況的不同和個股的不同，來調整各個原則的權重。例如，如果我們多觀察不同個股的走勢圖，就會發現有些個股的趨勢和趨勢線有更強烈的規律性，有些個股的趨勢卻和六十日線有更強烈的規律性。

沒有魔法，蛻變需要時間

我剛學習技術分析時，與大多數初學者一樣，最關心的是：要多久才能學會？有一次去聽演講，聽到前排一位男士與他鄰座的、初見面的小姐保證，可以在一小時內教會她技術分析。他說，「每個技術指標都有密碼，在於你看不看得出來。」我當時雖然覺得「一小時學會」太誇張，卻希望眞的有竅門來縮短學習時間。

我花了幾個星期就學會了常用技術指標的用法，卻發現知道指標背離、N形反轉、黃金交叉……，離可以把它們轉換成利潤，還早得很！技術分析難就難在該如何把這些指標、型態結合在一起做評估，這有點像我小時候閱讀文言文的文章時，每個字都認得，就是不懂整句的意思。我足足花了五年才約略學會技術分析。

有專家做過研究，職業運動員要成功，最起碼要花一萬個小時的訓練時間。以我個人的經歷，如果以一天工作八小時，一年二五〇個工作天，五年的時間正好折合爲一萬個小時，這還不包括在閒暇時思考股票的時間；而且，這一萬個小時只包括自己獨立操練的時間，聽別人指示的操作不算。

但反覆做同樣一件事，一般人做沒幾天就會感到厭倦，何況是持續做五年呢？有些人剛開始做股票時，每天勤看個股的日線，過了一段時間不再熱中，每周只看一次周線，後來，每月只看一次月線，到最後索性不看線。

在例假日時，我通常在星期日下午開始準備功課，在賺得到錢時一點都不會累，但在賠錢時，我常會質問自己，「爲什麼在周日下午還幹這些蠢事？」有時，我拋下手邊的工作，出去玩或什麼也不做，試著讓自己放輕鬆，卻發現內心更恐慌，乖乖回去做功課後，心裡反而踏實。不必等賺到錢，當我在做功課時對股市有更多的領悟，那伴隨而來的喜悅，就是對我的回報。

方法要精益求精

我發現，「看走勢圖說故事」並非像一些人所說的那麼毫無價值，在事後能講得頭頭是道，勝過不知所以然，如果這不是爲了合理化「自己早就知道了」，我們可以從走勢圖中驗證操作原則，把自己從事後諸葛亮變成事前諸葛亮。但不是任何時間的走勢圖都要去尋求解釋，股價走勢有時是不可預測的，我們要關注的是，從股價的重大轉折中，找出股價和指標、型態之間的規律性。

懂得技術分析的語言後，不管日後聽到或看到什麼關於技術分析的東西，我們就能透過大家共同的語言，吸收到別人的長處。但有時，我把聽來的某項操作原則套用在以往的走勢圖中，發現準確率很高時，我不禁驚呼，「早知道這個原則就好了！」然而，剛開始應用在實戰中，由於對該原則一知半解、不知道關鍵細節，或因爲該原則已有太多人如法炮製而對其有效度造成不良影響，績效反而變差了。我才知道，道理人人會說，但其中的「眉眉角角」，我們惟有不斷的嘗試才會懂。

值得一提的是，在操作時如果我們只是爲了符合自己的感受，就學不會技術分析，比如說，太強調成本觀念，有賺才賣或先賣賺最多的，賣掉後有差價就想回補；如果我們只會運用過度簡單的方法，也學不會技術分析，比如說，先賣跌最少的或先買漲最少的，或賺個二成就想跑、賠個幾趴就停損。我們要依線形做決策。

看線百遍，其義自見

至於要如何評斷自己技術分析的功力呢？我們可以攤開大盤較長期間的走勢圖，另外拿一張白紙壓在走勢圖的上面，從左而右移開，在移開的過程中，根據所看到的K線和常用的指標，不斷考自己，這些線形和指標代表什麼意義？現在處在什麼趨勢中？接下來幾天行情怎麼走的可能性比較大？

隨著自己經歷的愈多，對同樣的線形和指標有更細膩的解讀，即使是司空見慣的走勢圖也充滿新意，看再多遍也不厭倦。雖然困難的是判讀這些靜態的走勢圖將如何發展，但如果看多了過去的線形圖，一碰到似曾相識的情況，就能馬上拿來參考對照，甚至直覺的對眼前的危險或機會做出正確的回應。

這樣的道理，就像優秀的職業球員，總會在賽後或賽前不斷的觀看球賽錄影帶，藉由慢動作重播，了解自己上一場比賽的優缺點，或了解下一場比賽的對手。他們在腦海中模擬過千百遍，更在球場上反覆的操練，因爲熟練，因此能在臨場的瞬間做出正確的反應。就像一位美式足球明星所說：**「剛進入聯盟，拿到球時，對方球員撲過來，我驚慌失措；三年後，對方球員以同樣迅雷不及掩耳的速度撲過來，但在我看來，一切就像是慢動作重播。」**

很多人看同樣的報價螢幕、走勢圖和技術指標，卻只有少數人能勝出。勝利的不是知道很多技術面的操作原則卻見樹不見林的人，而是能把檢驗出的重要原則系統化，並見微知著的人。曾有朋友問我，「如果每個投資人都很懂技術分析，那應用技術分析還賺得到錢嗎？」我承認這的確會讓賺錢的難度提高，但這不太可能發生。因爲一般人對技術分析沒那麼有信心，也不會那麼勤於看線；而且，「基本面很重要」的觀念一直牽絆著投資人，他們即使懂技術分析，也常還要等基本面明朗而且要等基本面和技術面一致才下手，所以失去先機。

第11課 技術分析的利器——股票箱

輸家熱中於抓股價位於箱形整理中的小波動，以致錯失大波段行情

贏家專注於抓股價脫離箱形整理後的大波段，放棄小波動的差價

民國七十八年退伍後，我到號子看盤，隨著小道消息和券商提供的建議殺進殺出。當我身處多頭市場，績效卻不佳時，看到了《我如何在股市賺了二〇〇萬美元》這本影響我一生的經典之作。令人驚奇的是，這本書

的作者尼古拉斯・達瓦斯不是職業投資人，而是一位長年在全球各地巡迴公演的舞蹈家，卻以自創的箱形理論在華爾街致富，顛覆了長期以來主流的聽明牌和太強調基本面的方法。

他剛開始做股票時也與一般人一樣，追逐小道消息，聽信別人（包括企業界人士）、券商和顧問公司的指導，發現這些方法都行不通。他後來甚至發現，顧問公司總是和大戶掛鉤，在內幕消息尚未發布前先鋪貨，等到鼓動散戶進場，在利多曝光後趁機倒貨。

純粹依據技術分析做股票是可行的

隨後，他改成每天花好幾個小時研究基本面。有一次，他把所有家當都拿去抵押借錢，用七成的保證金融資買進某支他認爲基本面很好的股票，卻因而賠掉自備款的四分之一。在認賠後，爲了挽救破產的危機，他把研究基本面的時間改爲研究股價走勢，發現了一支他聽都沒聽過，但看起來好像在上漲中的股票。他孤注一擲，把剩下的錢，再度用融資買滿了這檔正一天天穩定上漲的股票。這支股票讓他彌補了之前一半以上的虧損，也啟發他發展出股票箱理論，讓他在發展出這個理論後的十八個月內，賺進二百萬美元。

達瓦斯的心得包括：一、上市公司的財務資訊揭露的是過時的資料，而市場情報往往又叫人存疑，但就算不知道內幕消息或基本面資料，純粹依據技術分析來做交易，是正確而可行的。二、股票的走勢並非毫無章法，而是亂中有序，在運行過程中，形成了一定的價格區域——股票箱，股票箱的頂部是重要的壓力，股票箱的底部是重要的支撐，股價走勢是由一個一個的股票箱連結而成的。三、在漲勢中，一個新箱形的下限不一定是前一個較低箱形的上限；在跌勢中，一個新箱形的上限，不一定是前一個較高箱形的下限。而且，新箱形的上限和下限只能由股票本身來確立，不能靠預測得知。四、投資人最主要的工作是正確界定出股票箱的上限和下限，一旦確立了，那麼只要股票在框框裡面活動，就不必太緊張；但如果它不再保持在箱子裡面，就得採取行動。

當股票箱連結成的金字塔開始塌下來時賣股票

達瓦斯從股價正在上升而且成交量放大的股票中找目標，他假設這表示一定有人比他知道更多有利的消息，但不會立刻買進。他不在股價拉回箱子的下限時買便宜貨，而是當這支股票拉回後立即上升，又一次形成向上的動力時，他才買進，尤其當股票進入另一個更高的股票箱時。他最感興趣的股票是其股票箱正在最高的一個股票箱內，他在股價創新高時立刻就買，因爲漲勢終於蓄積力道而突破瓶頸，正要加速度的往上衝，很可能一進場就獲利。

他曾被「賺了就跑，你絕不會破產」這句市場老話所打動，但在實地體會之後，他發現「賺了就跑，你不只不會發財，還有可能破產」，因爲做股票有時會做對有時會做錯，還要考慮交易成本，如果在該大賺時也只是小賺，等到被市場追著打時，很有可能倒賠。因此，他在書中多次提到「**沒有理由賣掉一支正在上漲的股票**」，最忌諱他的營業員用「你的某支股票目前已賺了多少」來暗示他該獲利了結了。

而爲了防止買錯以及保住大部分的利潤，他設定停損點。他在股價向上突破原來箱形的上限時買進，隨即將停損點設在原來箱形上限下一檔的位置。他並將停損點隨股價的上漲而等比例的提高，並將停損點保持在相當的距離外，以免在股價小回檔時股票被洗掉。直到新箱形的上限和下限確立後，他通常將停損點改設在新箱形下限下一檔的位置，因爲這時比較能確定跌勢將持續下去。

最令人佩服的是，有好幾次他的股票被停損之後，股價旋即又盤升回到原來較高的股票箱，他還是會考慮用更高的價錢把它們買回來。他認爲這雖然提高了一點成本，但比起萬一股票慘跌的損失，實在微不足道。

買得便宜不如買得巧

股票箱的最大作用就是提供進出時機的依據。在這本書的結尾，提到了達瓦斯賺大錢的情形傳開後，接受《時代》雜誌資深的股市專家訪問，結束前，採訪的專家請達瓦斯給他一些股市方面的建議；達瓦斯告訴他在三十九・七五美元的價位買進某支股票，同時記得把停損設在三十八・五美元。達瓦斯在書上說，他希望這位專家沒有把他的話當耳邊風而在較低的價位買進，因爲這支股票從來不曾漲到三十九・七五美元，甚至還迅速跌到二十二美元。

依照達瓦斯的邏輯，三十九・七五美元的買點應該是比該股的天價稍高的價位。爲什麼達瓦斯不建議在當時的價位買進，而要等漲到三十九・七五美元呢？因爲這時才知道該股很可能會再漲一波。如果《時代》雜誌的專家誤以爲愈便宜愈好，沒有等股價創新高就躁進，反而會被套住。

我希望能效法達瓦斯，找出看起來好像在上漲中的股票。從日線圖中

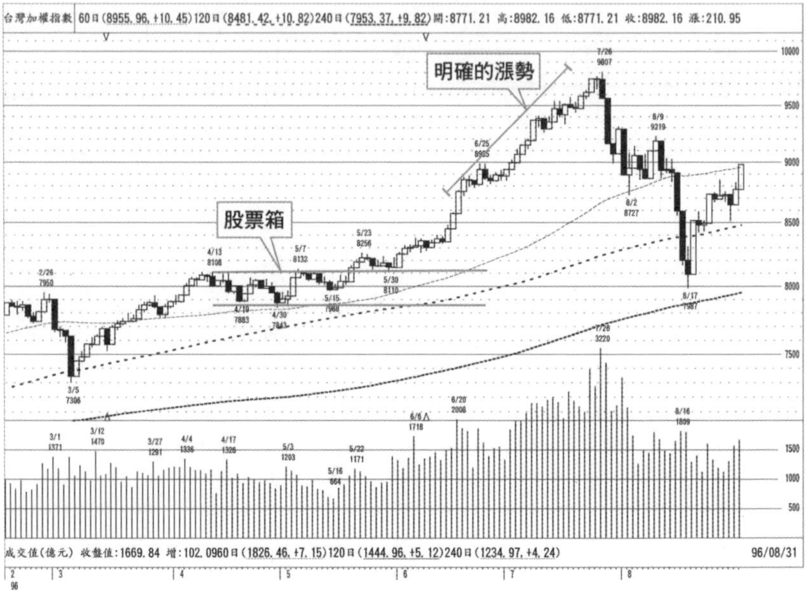

可以看出，指數或股價的走勢不外乎是上升趨勢或下降趨勢。在上升趨勢中，走勢概略分爲橫向的交易區間和明確的漲勢，走勢圖中，除了可以畫出一個個盤整區所形成的股票箱外，還夾雜著一段段明快的漲勢（見上圖）。

在明確的漲勢中，股價頂多整理幾天，就迫不及待的再創新高，折返的低點通常也一再墊高，但有時上升角度比較陡，有時比較平。那些上升角度比較陡、股價很快又創新高的股票，看起來更像是在上漲中，是我的首選。但挑選這些飆股比較麻煩的是，它們在低檔，可能還有明顯的股票箱上限來作爲切入點，如果沒有及時介入，等它們飆漲後，經常找不到切入點。

如果沒有充分的證據，我通常會假設趨勢的方向不變。等到多頭遭遇頑抗，除了偶爾發生的倒V字形反轉，大多陷於區間整理。整理後股價可能持續原來的上漲趨勢，也可能反轉而下。通常整理期間拉得太長，套牢籌碼愈積愈多，上檔反壓愈大，反轉的嫌疑就變大。

同樣地，在下降的趨勢中，走勢概略分爲明確的跌勢和橫向的交易區間。

如果股價處於上升角度愈陡的明確漲勢中，我們愈容易「買高，賣更高」；如果股價處於下降角度愈陡的明確跌勢中，我們愈容易「賣低，買更低」；而當股價處於交易區間，我們卻不能追高（或不能殺低），除非股價向上（或向下）脫離股票箱。

支撐區（壓力區）代表需求（供給）的集中區域

股票箱理論涉及的第一個課題是：股票箱上限和下限的壓力／支撐，是否即將有效突破？股價走勢的高點或低點之所以會形成壓力／支撐，因爲這是交易群眾曾經失之交臂或食髓知味的價位，這些價位是市場參與者情緒的烙印，當市場再次給他們機會時，大多數人自然不會放過。因此，漲勢經常在近似的價位折返，跌勢經常在近似的價位反彈。

在其他情況相同的條件下，這些壓力和支撐的強度取決於下列因素。

一、支撐區與壓力區的成交量愈大，支撐或壓力的強度愈強。例如，壓力區出現愈密集的交易（成交的天數愈多），挾帶的成交量愈大，表示匯聚的痛苦或懊悔愈強烈，壓力強度也愈強。

二、交易區間的價格波動愈寬，所構築的壓力或支撐愈大。波動幅度愈大，當價格從底部反彈走到箱形上限的反壓時，因爲漲幅已大，所以獲利了結或解套的賣壓也愈大。

三、交易區間涵蓋的期間愈長或折返的次數愈多，理論上，支撐區和套牢區的成交量愈大，支撐和壓力也愈強。比如說，碰到交易區間上限的壓力區而折返的次數愈多，前幾波的套牢量尚未消化完畢，又增加了新套牢量，反壓自然愈來愈大。而且，當多空雙方在交易區間內磨得太久，原本想要賣更高價或買更低價的人，慢慢相信這些壓力和支撐的威力，或因爲等得不耐煩了，因此願意降價賣在交易區間裡面或加價買在交易區間裡面。

眞突破VS假突破

支撐或壓力被突破以後，支撐和壓力的角色經常互換。壓力區被突破後，原先的苦主終於可以解套，但突破後如果股價揚長而去，在壓力區賣股的人、未能上車的空手、想要加碼的多頭以及想要回補的空頭，將在原先的壓力區集結，守候股價的拉回，原先的壓力反而變成支撐。原來的壓力愈大，一經突破，所形成的支撐愈強。突破後經過的時間太久，隨著當時參與者陸續出場或記憶的遺忘，支撐或壓力的強度將愈來愈弱。

假突破是交易者的天敵，該如何確立交易區間的突破是眞突破還是假突破呢？《股價趨勢技術分析》一書中形容技術分析類似於拼圖遊戲，要先看全面的圖像，然後細部分解。我把常用的技術分析原則湊在一起考量，歸納出六個判斷個股眞突破或假突破的原則。

一、華爾街名言說道：「股價上漲需要仰賴買進力道的推動，但可以因爲本身的重量而下跌。」所以，任何型態的向上突破，通常要得到大成交量的確認，但向下突破時則不需要。

二、有效的突破，不管向上或向下，其技術指標會顯示相同方向的新高或是新低，如果價格和技術指標之間出現背離，則往往是假突破。例如民國九十六年十月三十日指數創新高，突破之前的九七八三點，但九日K值卻沒有創之前的高點九二一·六一，只來到七七·九六，結果是假突破（見P.226的圖）。

三、個股中線漲勢剛形成時的創新高，追高相對安全。

四、大盤中線趨勢往上時，個股向上有效突破的機會較大。

五、愈早領先大盤向上突破同期反壓的個股，有效突破的機會較大。

六、個股突破反壓的氣勢愈強勁，向上有效突破的機會愈大。例如，一開盤就跳空突破反壓，或突破反壓時上升角度變陡或指標剛轉強。

突破後，後市值得期待嗎？

在研判個股能否有效突破的前後，我幾乎同時考慮到股票箱理論的第二個課題：有效突破後，上檔或下檔的空間大不大？向上突破後漲升空間不大的個股形同假突破。我從個股突破交易區間前後的技術結構，比較出上檔空間較寬廣的個股。

基本上，同樣是剛向上突破交易區間的個股，目前價位距重量級反壓愈遠、距反壓之間的累計套牢量愈小的個股，漲升空間較大，漲速也可能較快。線形上主要反壓包括前波高點（或低點）、中期或長期下降趨勢線、一二〇日或二四〇日均線等。

當股價在橫向走勢中，尤其震幅不大時，我們很難賺到大錢；只有在股價升破股票箱時，我們才能賺到超額的利潤。我發現每一次大漲，我們幾乎都可以找到股價升破箱形時的加碼點，每一次大跌，我們也都幾乎可以找到股價跌破箱形時的減碼點。但由於股價大部分的時間都在盤整，我們已經習慣了高出低進，因此雖然股票箱沒有上鎖，我們卻把自己鎖在箱子裡，在股價向上突破箱形後不敢追高（或在跌破箱形後不願殺低），而只能眼睜睜看著股價揚長而去（或節節敗退）。

抓大波段，放棄小差價

我在股市化繁爲簡的第一步是大致以技術分析來取代基本分析；第二步則是乾脆放棄股價位於箱形整理中的差價，只抓大波動來操作。我重用研判中線趨勢的指標，把一些適用於短線波動的指標盡收箱底，在股價突破股票箱的前後才積極進出。就像李佛摩在《股票作手回憶錄》中所說：**「在狹幅盤整的時候，預測下一個大波動是往上或往下毫無意義。應該做的事情是觀察市場，解讀大盤，判定狹幅盤旋價格的上下限，決定在價格突破任何方向的限制之前，不採取任何行動。」**

在交易區間內失之交臂的價位常會重新再來，而且價格起伏有限，投資人操作得失引發的情緒波動不會太激烈；然而，一旦價格突破交易區間，走勢大起或大落，投資人將陷入強烈的情緒起伏。雖然有的書上指出，股價若能向上突破箱形上限而且站穩三天，就確認是有效突破，可等拉回時買進，但我認爲，這樣的作法太消極，因爲強勢股經常一去不回頭，我們應該在股價一向上突破箱形上限就買進。

箱形的上限有時是極少數K線的長上影線，這是交易者一時的激情所形成的極端價位。我有時在個股強勢突破密集交易區的上側時就會買進，不會等到股價突破這個極端價位才買進，尤其當股價即將以漲停板逼近或突破密集交易區的上側時，我會先買進，等到極端價位將被突破的前後再伺機加碼。

我不買便宜的股票，只買會漲的股票。我很少在指數或股價跌至箱形下限時加碼，也很少在指數或股價向上突破後拉回接近原箱形上限時加碼，這些時候我的心思專注於萬一指數或股價跌破這個下限或上限時是否要減碼。

例如大盤於民國九十六年十月三十日開高突破同年七月二十六日的高點九八〇七點，來到九八五九點，在當天盤中拉回九八〇七點時，我不但不會加碼，反而會在尾盤跌破九八〇七點時減碼（見P.204和P.226的圖）。順便一提，十月三十日指數站不穩前波九八〇七高點的原因，很可能是量能不足，當時日成交量只有前波高峰的六成左右。

小賠以求大賺

有時，即使手中持股都還呈現強勢，但只要大盤轉弱，我還是會減碼。例如民國九十九年四月三十日日K線看似要上攻箱形頂部八一九〇點，卻以長黑棒作收，這時我寧可先減碼，等指數有朝一日突破八一九〇點，進入更高的股票箱時再加碼。隨後兩個交易日，指數愈盤愈低，多頭出現了警訊（見P.180的圖）。等五月五日指數以長黑摜破股票箱底部七八四二點，同時跌破六十日線時，是更明顯的賣點。接著指數跌到五月七日的七三八七點後，只反彈到稍高於五月五日高點七七八五點的七七八七點，無力上攻七七八五點之上的跳空缺口，而在七三八七點和七七八七點之間的股票箱整理。隨後，指數下探七〇三二點，然後反彈到七三七七

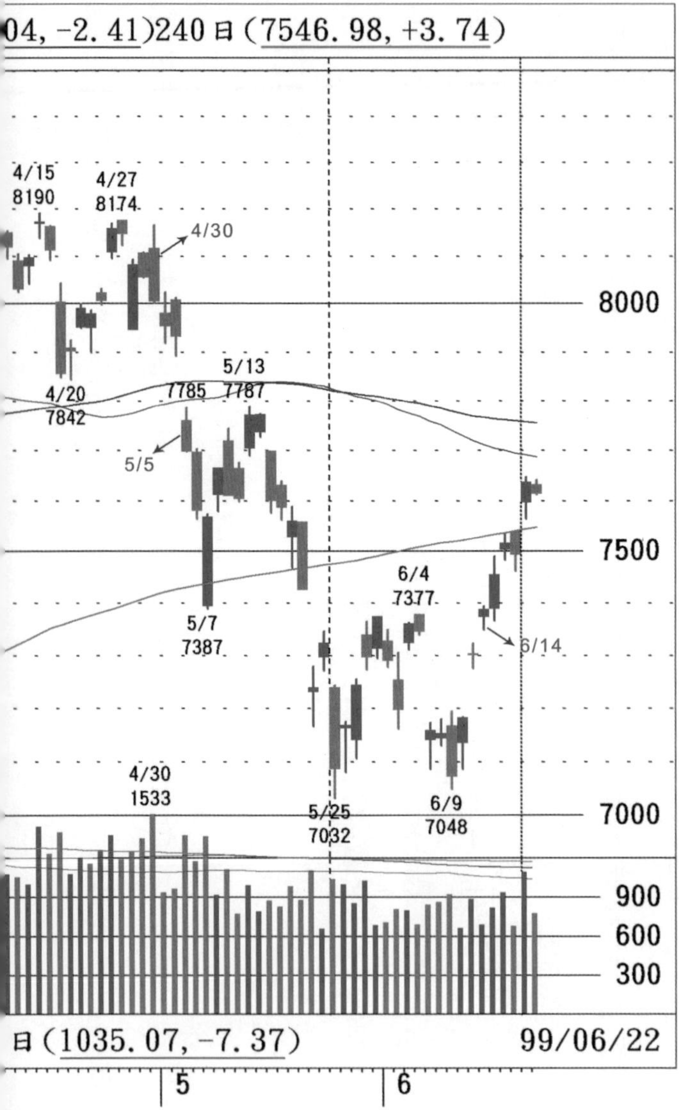
04, -2. 41)240 日 (7546. 98, +3. 74)
4/15
8190
4/27
8174
4/30
8000
5/13
4/20
7842
7785
7787
5/5
7500
6/4
7377
5/7
7387
6/14
4/30
1533
5/25
7032
6/9
7048
7000
900
600
300
日 (1035. 07, -7. 37)
99/06/22
5
6

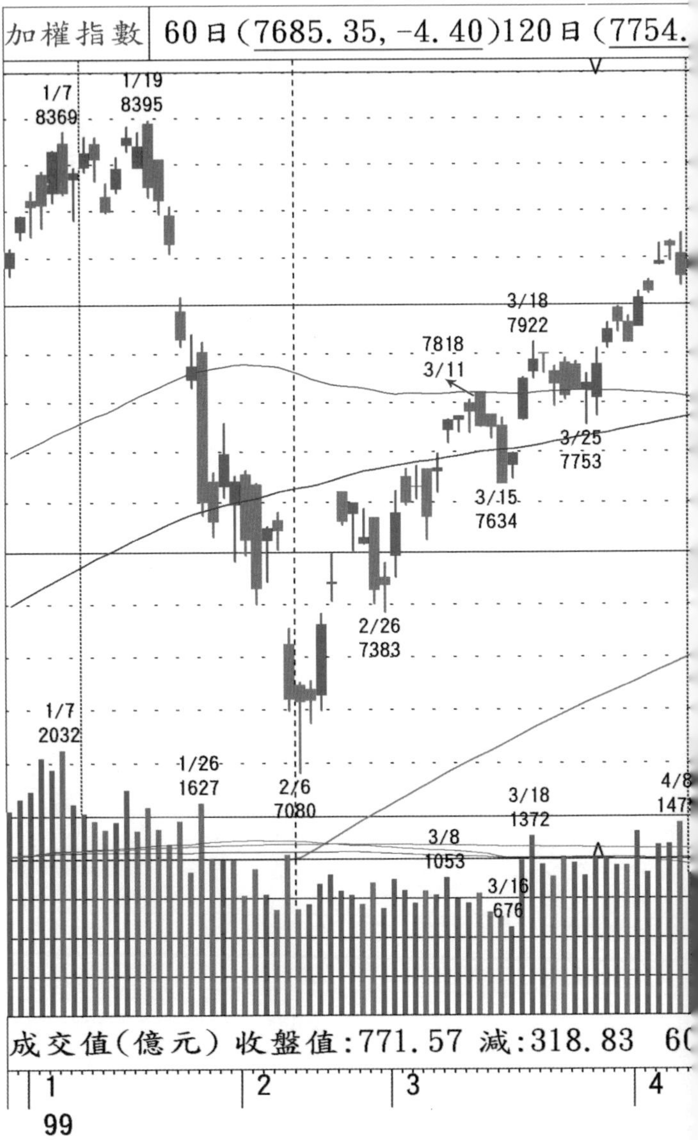
加權指數
60日(7685.35,-4.40)120日(7754.
1/7
8369
1/19
8395
3/18
7922
7818
3/11
3/25
7753
3/15
7634
2/26
7383
1/7
2032
1/26
1627
2/6
7080
3/18
1372
4/8
147
3/8
1053
3/16
676
成交值(億元) 收盤值:771.57 減:318.83 60
1
2
3
4
99

點，在七〇三二點和七三七七點的股票箱整理。我們可以在六月十四日指數以中紅突破最新的股票箱上限七三七七點，以及前一個股票箱下限七三八七點時進場。

走勢圖中的高低點是最原始的成交價，不但顯而易見，相對於大多數指標都是加工過的次級指標，當然更單純、更好用。但今天隨著愈來愈多的人懂得應用股票箱，單靠股票箱理論是不夠的，甚至，有的主力會利用投資人喜歡搶創新高價股票的心理來拉高出貨，因此，不僅買股票的時點有時要搶先，萬一發現是假突破，還要反手殺出，尤其當股票已漲了三個波段後的創新高。

第12課 技術分析最重要的兩件事

輸家以為用愈多條均線，愈有保障
贏家知道只用三、四條均線，才是直截了當

技術分析最重要的兩件事，一是趨勢、二是氣勢。如《亞當理論》這本書上所說，「**趨勢就是一再重複的事**」。股價持續站在六十日線上是一種趨勢，股價持續站在某一條上升趨勢線上是一種趨勢，股價拉回不破短底、但上漲時創短期新高是一種趨勢……。趨勢持續得愈久，一旦趨勢改變，往反方向走的幅度可能愈大而且會愈激烈。趨勢比氣勢重要，但趨勢形成時，股價已漲（或跌）了一段。有時，股價的氣勢是趨勢的預告，可以提前指引我們進出場，例如，在低檔連拉兩支漲停板，是漲勢的強烈預告；有時，股價的氣勢可以幫我們確認趨勢，例如，股價在低檔向上突破六十日線等重大反壓，是以跳空、漲停板或長紅強勢突破，趨勢更有可能翻多。

剛學習技術分析時，我用簡單計算法的移動平均線來研判趨勢，我看五日線、十日線、二十日線、六十日線、一二〇日線、二四〇日線、二年線、五年線，甚至還看十年線。由於除了這一大堆均線，我還要看KD、MACD、趨勢線以及走勢圖上的高低點等指標，操作時，股價動不動就碰到支撐或反壓，或者，股價的位置就某些指標而言是支撐，但就其他指標而言是反壓，令人很難適從。更可怕的是，如果指數大漲後反轉跌破二四〇日線，我以為二四〇日線下面不遠處還有幾年線的支撐，而沒有賣股票，經常還要面對另一段嚴峻的跌勢。

六十日均線的重要性超過其他均線加起來的總和

經過市場的磨練，我知道要先把自己定位清楚，才能挑適用的指標，如果要做短中線，當然就要用短中線的技術指標。而事實上，技術指標主要是用來衡量短中期的市場心理，很難預測長期，因爲誰能在今天就預見市場上好久以後的期待和恐懼，所以，代表大盤或個股短中線趨勢的六十日線就遠比代表長線趨勢的二四〇日線重要。二四〇日線並不能反映最近趨勢的重大變動，只有在指數或股價已瀕臨二四〇日線，該線才有短線的支撐或壓力，或是當二四〇日線的角度剛翻轉時，才能幫助我們更確認最近的趨勢。

我發現，均線只要三、四條就夠了，以重要性而言，依序爲六十日線、二四〇日線、一二〇日線。六十日均線代表持股者這六十個交易日來的平均成本，最能適當地反映短中期的市場心理。當股價在大漲後拉回而向下跌破六十日均線，市場心理從普遍獲利的慣性變成虧損，投資人開始不安，如果股價不能迅速站回六十日均線，一旦該均線的角度轉而呈現下彎的趨勢，中線空頭走勢更加確認。同樣的，當股價在大跌後反彈而向上突破六十日均線，市場心理從普遍虧損的慣性變成獲利，投資人持股意願增強，一旦六十日均線的角度轉而上揚，宣告中線多頭走勢來臨。

慢慢地，我不再看比二四〇日線的時間架構還要長的均線。我尤其覺得，十年線的威力被媒體過度誇大了。試想，這十年來，那些在早些年買進的人如果還留在市場，擺那麼久都還沒賣，即使股價由下返抵十年均線的解套點，大概也不會賣了，所以十年均線的阻力就不如媒體所說的那麼大。同樣地，十年均線的支撐也沒有那麼大。

我也幾乎不看對價格反應太過敏感的短天期均線，如五日線、十日線，或二十日線，而用短期高低點來取代，如果股價向上突破短期高點，短線轉強；如果股價跌破短期低點，短線轉弱。只有在判斷短、中、長期均線的大黃金交叉時，我才會注意短天期均線中的十日線。

六十日線的方法也有罩門

短、中、長期均線出現黃金交叉的大多頭排列，是指日K線圖中愈短天期的均線由下翻揚至愈長天期的均線之上，各均線的角度並同步向上，而目前的股價又在各均線之上，其對應的市場意義就是「抱得愈久，賺得愈多」，這將激勵持股者繼續持有，因此，後市仍舊看好。

問題是，十日、六十日、一二〇日和二四〇日均線形成大多頭排列的機會不但不多見，而且，等形成時，漲幅已經很大，這時再買進的成本已提高了不少。所以，當指數或股價在低檔向上突破六十日線，預告中線漲勢開始時，我們就可買進；如果這時十日、六十日、一二〇日、二四〇日均線有半數以上從原本在低檔糾結，而有往上散開的跡象，尤其當六十日線的角度已處於上升狀態，更應該勇於加碼，因爲這表示整理的時間已經很足夠，均線的大黃金交叉呼之欲出，波段漲勢可期。

六十日均線僅適用於趨勢明確的行情。當市場處於橫向的交易區間時，會造成反覆而且很可能是錯誤的買進與賣出訊號。除了應用短、中、長期均線是否從原本在低檔糾結而有往上散開的跡象（或在高檔糾結而有往下散開的跡象）來輔助判斷漲勢（或跌勢）外，我主要的解決方式是，配合六十日線和股票箱來操作。當價格向上突破六十日線，也向上突破交易區間時，更能確定漲勢形成。

六十日線的另一個局限是，它透露出來的買賣訊號落後於實際的反轉。如果我們只會等到六十日線出現訊號再進場（或出場），這時指數或股價距波段最低點（或最高點），可能已有一段差距。爲了買賣得更及時，我們可以搭配K線的形態和其他原則來做進出依據。

鎖定以漲停升破六十日線的個股

我喜歡買進在低檔出現第一根漲停板的股票，尤其是領先其他股票漲停的個股。但我不只是想賺它隔天的差價，如果該股趨勢即將翻多或剛翻多，我會多買一些。原則上，我寧可等股價已向上突破近期高點或六十日線後才積極介入，但如果該股挾著漲停的氣勢逼近這些重大反壓，我會迫不及待的進場，因爲往往隔天一開盤股價就跳空向上突破，而且不容易買到。

如果該股在低檔接連拉出第二根漲停板，那更好。通常在低檔連拉兩根漲停，或兩根漲停中間夾著極少數小紅或小黑的日K線，是主力作多的強烈訊號，尤其是接連兩天拉出漲停而且第二根漲停板是一開盤就跳空漲停，氣勢更強，如果還買得到，我們應該多買一些。

總之，即將漲停的股票符合以下的條件愈多，愈該買進，尤其當大盤漲勢即將形成或剛形成時。

1.之前大跌過，而且當日領先其他股票漲停。

2.即將升破或剛升破六十日線。

3.即將升破或剛升破盤整區間或其他重大反壓。

4.幾天前也曾拉出一支漲停板或長紅。

5.短、中、長期均線由原先的糾結轉爲向上散開。

反之，即將跌停的股票符合以下的條件愈多，愈該賣出，尤其當大盤跌勢即將形成或剛形成時。

1.之前大漲過，而且當日領先其他股票跌停。

2.即將跌破或剛跌破六十日線。

3.即將跌破或剛跌破盤整區間或其他重大支撐。

4.幾天前也曾拉出一支跌停板或長黑。

5.短、中、長期均線由原先的糾結轉爲向下散開。

「落袋爲安」的觀念害人不淺

我發現，之前並未大漲過的股票，如果能夠接連以長紅或漲停板急拉個三成的漲幅，有時會漲個一兩倍。但以前我總是預設立場，認爲賺兩成已經很多了而獲利了結，或預期該股應該要拉回整理了而先跑一趟，因而讓飆股溜走。

後來我體會到，如果賣掉的股票又創新高，我們還是可以考慮回補，尤其在近期漲幅還不大的情況下。但我們最好不要隨便賣掉正在上漲的股票，而是應該等到股價在大漲後卻躍升無力時，尤其當股價逼近之前密集套牢區的下緣並出大量時，才考慮減碼，因爲這可能是主力藉由大量的掩護來震盪出貨。

股價大漲後，我們也可以在日Ｋ線出現第一根長黑或留下長上影線時減碼，尤其是出現跌停板時；我們也可以在日Ｋ線出現幾根小黑時減碼，因爲這時股價離波段高點已有一些差距，短線有做頭疑慮；我們更應該在近日內出現第二根長黑時減碼，因爲這時離波段高點更遠，做頭的嫌疑更大了。

我們還可以在股價跌破短底、近期修正後的上升趨勢線或六十日線時減碼，因爲這時頭部更明顯了。麻煩的是，有的飆股一路急漲，未經過整理，沒有明顯的短底來讓我們作爲減碼點，甚至是持續跳空跌停，我們想賣也賣不掉。但通常等股價拉回到六十日線，由於跌幅已深而吸引來了買盤，如果賣得掉，雖然這時離波段高點已有一段距離，但這時的賣點最明確，我們還是應該減碼。

以鼎天爲例，該股股本小、浮額少，是主力喜歡拉抬的類型。民國九十八年二月十六日它以漲停板站上季線，這是買點，但股價並未急漲，而是沿著季線緩步趨堅。同年七月十五日，它又以漲停板脫離六十日線附近的盤整，但不同以往的是，因爲往上緩步趨堅的時間夠久了，這時六十日線終於站上二四〇日線，原本糾結在一起的十日、六十日、二四〇日均線往上散開，即將形成多頭排列（見P.194的圖）。隔天七月十六日，該股以最強勢的跳空漲停開盤，因爲多頭趨勢剛形成時，連續出現兩支漲停板往往是大漲的訊號，我們可以趁漲停打開時多買一些。如果我們在七月二十日股價突破近期高價二十三．五元時，覺得買得不夠，還可以進場，因爲這時底部已經確立。

指數或個股在大漲後，最遲應在跌破六十日線時減碼

隨後，該股在急拉到七十七．四元的過程中，從未跌破六十日線，因爲近期內漲很多了，一旦跌破六十日線，持股者要特別小心。等民國九十九年一月二十六日鼎天以長黑跌破一月八日的短底六十六元，又進而跌破六十日線所在的六十二．八三元時，改變了原先拉回都不破六十日線的慣性，趨勢很可能扭轉了，是強烈的賣出訊號，隔天該股更跌破前一年十二月十八日的六十二元底部，走勢確定轉弱。

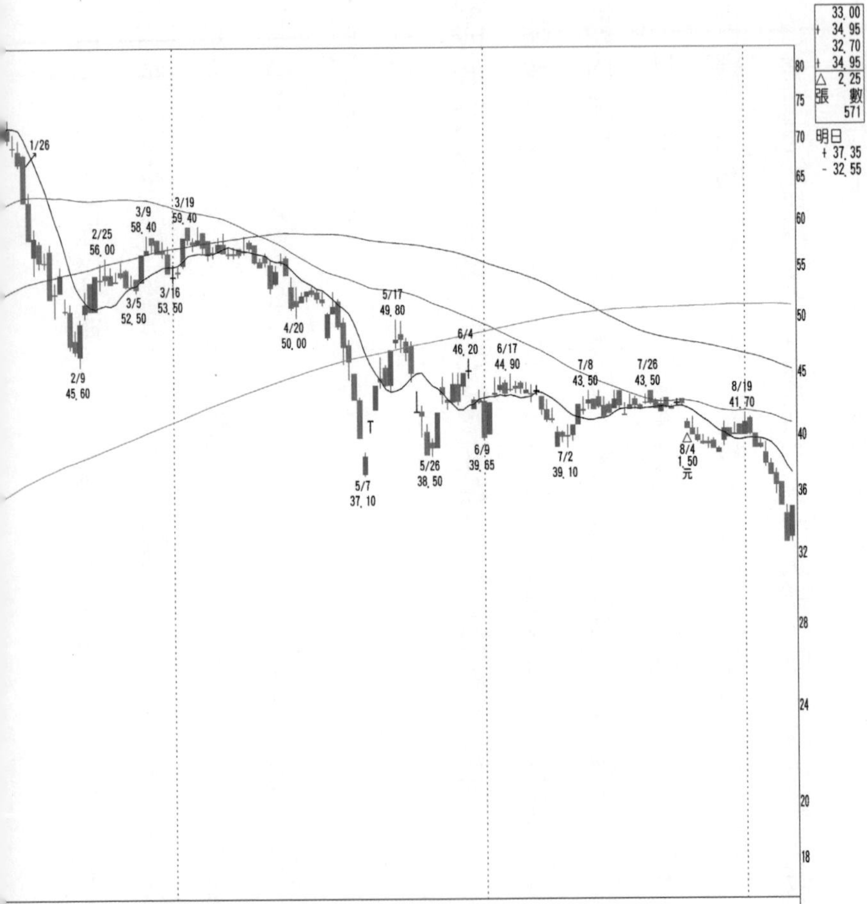
33.00
+ 34.95
32.70
+ 34.95
△ 2.25
張 數
571
明日
+ 37.35
- 32.55
1/26
2/9
45.60
2/25
56.00
3/5
52.50
3/9
58.40
3/16
53.50
3/19
59.40
4/20
50.00
5/7
37.10
5/17
49.80
5/26
38.50
6/4
46.20
6/9
39.65
6/17
44.90
7/2
39.10
7/8
43.50
7/26
43.50
8/4
1.50
元
8/19
41.70
9/1

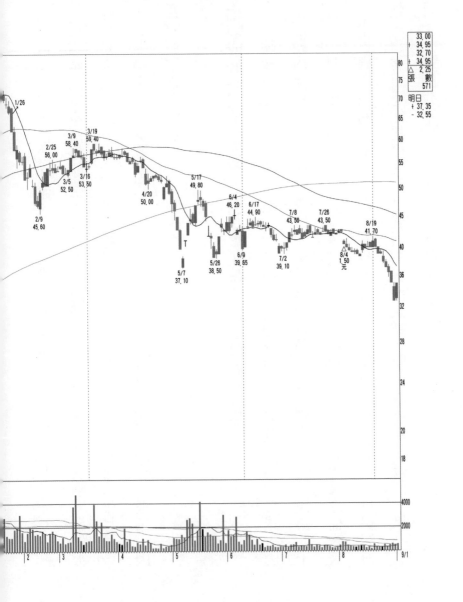

鼎天線圖

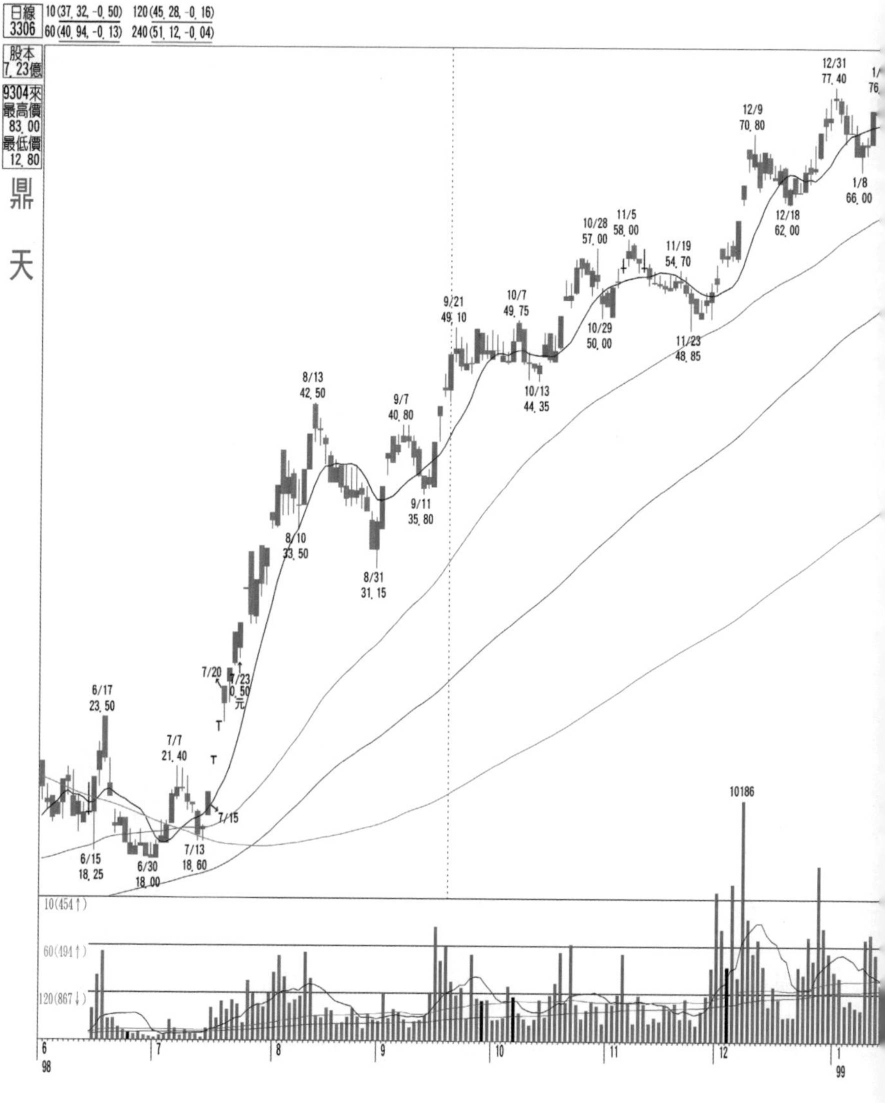
日線
3306
10(37.32,-0.50) 120(45.28,-0.16)
60(40.94,-0.13) 240(51.12,-0.04)
股本
7.23億
9304來
最高價
83.00
最低價
12.80
鼎
天
6/17
23.50
6/15
18.25
6/30
18.00
7/7
21.40
7/13
18.60
7/15
7/20
7/23
0.50
元
8/10
33.50
8/13
42.50
8/31
31.15
9/7
40.80
9/11
35.80
9/21
49.10
10/7
49.75
10/13
44.35
10/28
57.00
10/29
50.00
11/5
58.00
11/19
54.70
11/23
48.85
12/9
70.80
12/18
62.00
12/31
77.40
1/8
66.00
10186
10(454↑)
60(494↑)
120(867↓)
6
98
7
8
9
10
11
12
1
99

或許，該股從十八・六元急拉到五十幾元時，主力不好出貨，但等股價拉到七十七・四元再殺回五十幾元，雖然股價同樣都在五十幾元，從七十七・四元拉回五十幾元時的技術線形甚至更差了（因爲股價跌破六十日線），卻可能吸引到不少撿便宜的買盤進場。或許是主力已趁機出貨，該股此後一段時間股價積弱不振，反彈時屢屢受阻於六十日線。直到同年九月八日該股以漲停板強勢向上突破六十日線三十九・七八元時，才又急漲到五十五・八元。

像鼎天一樣，個股股價升破（或跌破）六十日線，有時會陷入盤整，有時會展開波段漲勢（或跌勢）。如果我們只根據六十日線來進出，雖然股價在六十日線附近盤整時，我們會忽買忽賣，甚至造成小賠，但只要押對一次股價升破六十日線的大漲行情，或避開一次股價跌破六十日線的大跌行情，就夠本了。

當然，如果我們發現股價升破（或跌破）六十日線後，並未持續上攻

（或下跌），知道股價正在盤整，也可以等股價升破盤整的上限時再加碼，或是等股價跌破盤整的下限時再減碼，而不必以六十日線做主要的進出依據。

機遇不一定能被創造，卻可以被尋找

值得一提的是，並不是所有的股票都像鼎天一樣，會在這麼長的一段時間內，我們光是用股價站上（或跌破）六十日線，就可以判定趨勢翻多（或翻空），這有可能是主力刻意營造，也有可能是看線的人根據以往走勢而造成這個規律性一直持續。

規律性除了是股價和六十日線之間的關聯，也有可能是股價和其他指標或型態之間的關聯，如果我們平常看愈大量不同個股的走勢圖，就有更多的機會找出股價和指標、型態間具強烈規律性的個股來操作。雖然我們不知道這些規律性在什麼時候會發生，但如果我們一直在市場守候並不斷搜尋，靠多接觸來增加機會，等機會隨機出現或規律性終於失靈時，就能及時應對。

股市是個「贏家幾乎全拿」的極端世界。如果套用八十／二十法則，在股市賺錢的投資人中，二〇%的人賺走了市場裡八〇%的錢；如果在這二〇%的贏家中也存在八十／二十法則，那就是四%的人賺走了市場裡六四%的錢；再輾轉細分下去，就變成千分之八的人賺走了市場裡五一．二%的錢，也就是大約一%的人賺走了超過市場整體利潤的一半。

不只是利潤的分配，股市中好用的技術指標也具有高度集中性。光是六十日線和線形上的高低點，就幫我完成了大部分的工作，而且這兩個核心指標對我的貢獻度，與日俱增。雖然我每次向朋友提到我以這兩者爲主的操作方式，對方都不太相信這樣做能賺到錢，但事實上，做股票不必學太多技術指標，每個常用技術指標也不用等量齊觀，把六十日線和線形上的高低點搞懂，技術分析就學會六、七成了。

第13課 贏在修正——那段急跌一千八百點的日子

輸家掛念已經過去的，期盼還沒發生的
贏家順應每一個過程，把握當下做修正

古代詩人菲洛史查圖斯說過：「**神看未來的事情，一般人看現在的事情，但是聰明人看即將發生的事情。**」我認爲要預測股市的長期未來很難，那些宣稱能對股市的長期未來料事如神的人，如果不是神，就是神棍或神經病；但我們也不能只注意到現在股價是漲還是跌，而是要預測股價的短中期走勢，這雖然不像預測長期走勢那麼難，我們仍會常常看錯，錯了就要修正。

做股票就是一連串的預測和修正。「預測」雖然可以採取主動，但因爲股市的變化太快，太相信預測反而把自己框住，來不及應變。反之，「修正」雖然常常是被迫採取行動，而且做修正時也難免要對後市做預測，但因爲這時市況的發展已經比較明朗，通常有規則和前例可循，較能掌握在自己手上，也就是做修正的準確率比做預測的準確率高很多。如果說「預測」像在走鋼絲，那「修正」就成了防護網。

有一次在指數短線急跌後，我看到某機構預言「現在逢低承接，預期六個月的投資報酬率有一〇%～一五%可能」的報導。不知道這樣講的人怎能算出六個月後的報酬率？或許，專家愈敢講愈有機會曝光，媒體也喜歡聳人聽聞，而投資人又尋求簡單的答案和保證來紓解焦慮。

雖然我認爲修正比預測重要，但這不意味我們不必預測，而是在做預測時有個輪廓即可，要記得「預測」有其限制，還要想像其他的可能性，替自己留下轉圜的餘地。如果我們不會預測或不敢預測，常轉而參考別人的意見，這樣不但學不會預測，甚至連修正也不會了。「修正」能夠操之在己的前提是自己做預測，否則即使我們發現事情不對勁了，也還在等別人指示。

做短中期的預測，隨時做修正

像民國九十六年七月下旬，當大盤一鼓作氣來到九千五百點，股市專家一致看好指數將飛越萬點，但後續發展硬是跌破專家眼鏡。或許，這些專家看到情況不對後跑第一，但聽信這些專家的投資人卻可能不知所措。

當市況發展不如預期，我學習不要心存懷疑，而是要盡快地處理。在那段急跌一千八百點的日子中，我曾因預測失算而懊惱，幸好靠著自己最拿手的「修正」扳回失分。

七月二十六日：指數開平走高，最高來到九八〇七點，隨即往下殺。十點鐘不到，根據當時的已成交量和每分鐘的即時成交量，就可估算出當天極可能出現三千億元以上的超級大量，而且盤中日K線跌破民國九十六年六月十三日的八三三六點連接七月二日的八九三九點的近期上升趨勢線（見P.204的圖）。

我入行以來所學到的第一個最重要的觀念，就是當飆股或急漲的指數出現第一根長黑時，應考慮減碼。然而，因爲之前多頭走很久了，我早已習慣大盤和個股還會不斷的創新高，期盼日K線能拉出長下影線，而且我持股最多的兩支股票——聯陽、盛群——還逆勢大漲，讓我覺得情況還不太壞，所以減碼的速度很慢。

結果大盤愈殺愈低，我在尾盤勉強又出了一些當天的弱勢股，但最弱勢的股票已跌停賣不掉，總共還減碼不到一成。當天日K線以九五六六點作收，收二百多點的長黑，幾乎吃掉了前面三根陽線，而且跌破了近期上升趨勢線，日成交量高達三二二〇億元。收盤後，我愈想愈不對，只能寄望晚上美股大漲，隔天台股開盤後，還能賣個好價錢。

巨量長黑後跳空下跌，是危險訊號

晚上九點半不到，我守在電視機前，等待美股開盤，沒想到屋漏偏逢連夜雨，美股一開盤就往下急殺，我從剛開始每隔幾分鐘看一次報價，到後來目光甚至離不開螢幕，直到睡夢中，還與股市糾結在一起。

七月二十七日：台股以跳空下跌三二一點開出，顯然有些人不惜犧牲大約半支停板的價差，就是一定要賣出，指數一舉跌破近期九三三七點和九二六三點的兩個底部。

就我操作的習性，即使我並未看壞後市，但是當整體獲利降低時，我的持股比率跟著降低。我優先減碼的對象，除了最弱勢的股票，也包括這一波漲幅遙遙領先大盤而且前一天還逆勢大漲的ＩＣ設計股，我怕它們會

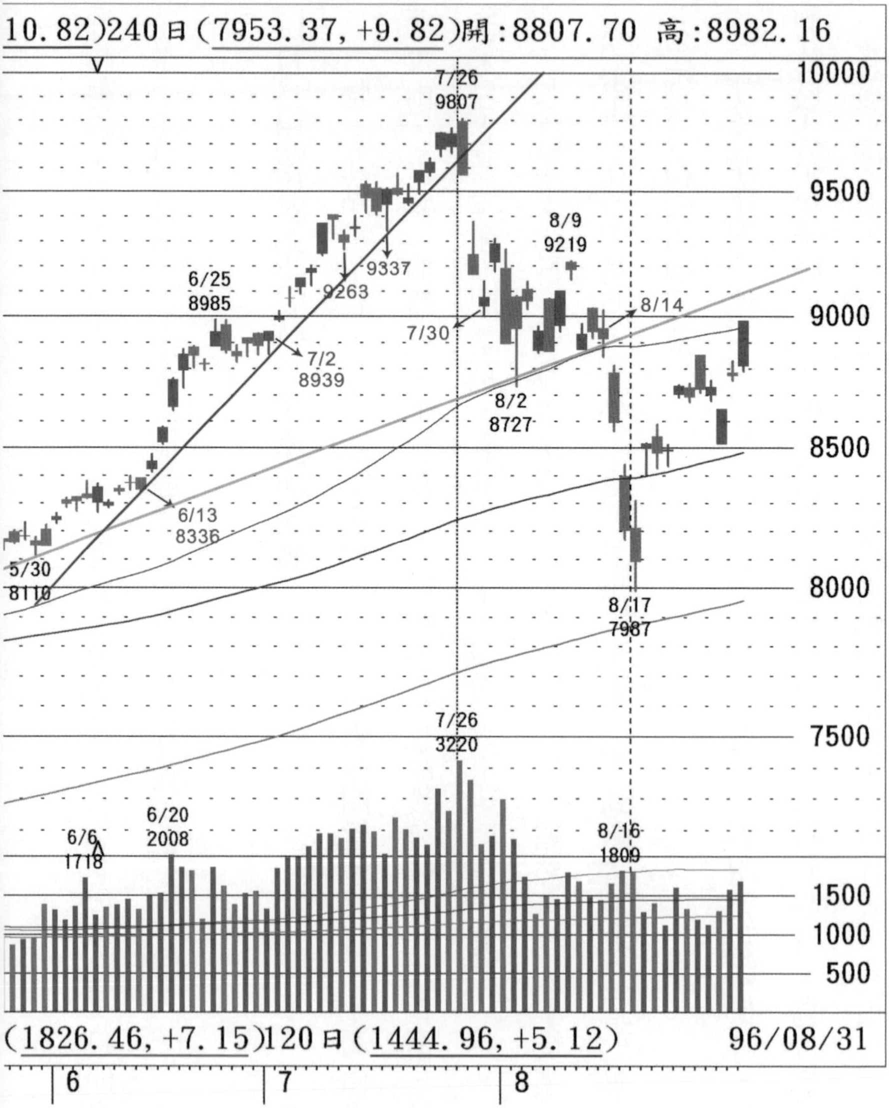
10.82)240日(7953.37, +9.82)開:8807.70 高:8982.16
10000
9500
9000
8500
8000
7500
7/26
9807
8/9
9219
9337
9263
6/25
8985
7/30
8/14
7/2
8939
8/2
8727
6/13
8336
5/30
8110
8/17
7987
7/26
3220
6/20
2008
6/6
1718
8/16
1809
1500
1000
500
(1826.46, +7.15)120日(1444.96, +5.12)
96/08/31
6
7
8

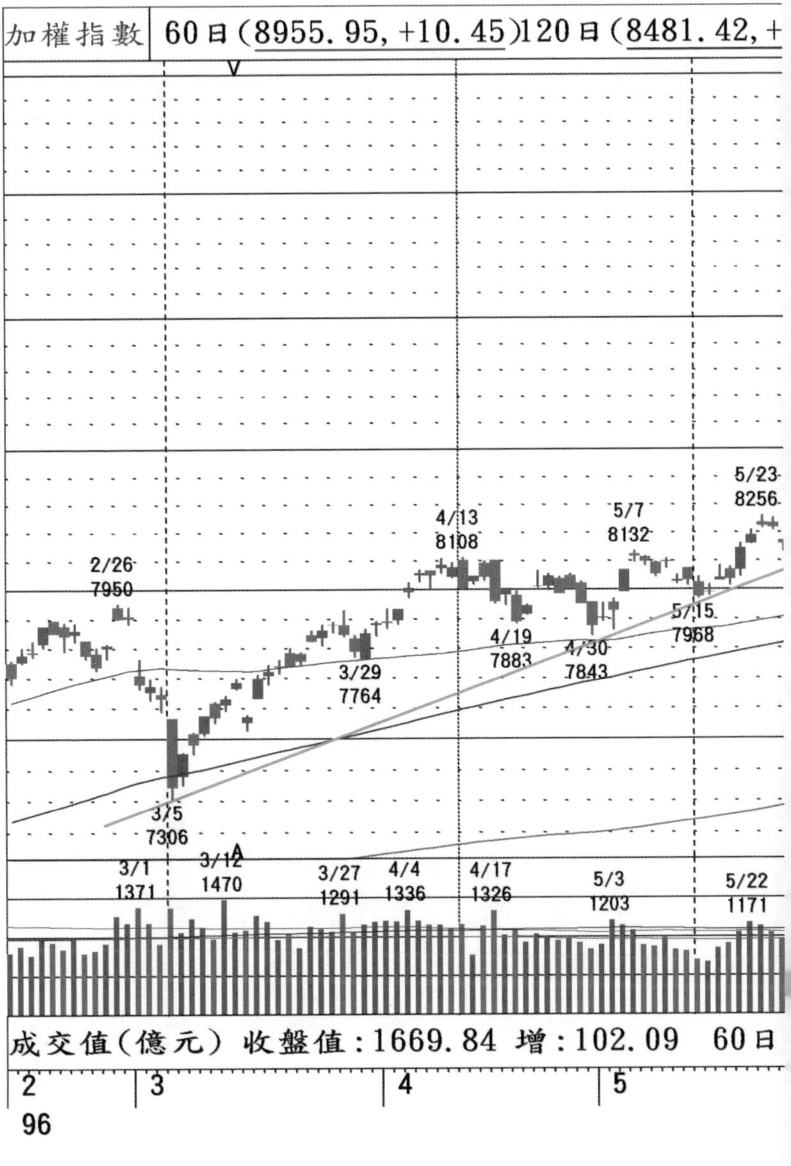
加權指數
60日(8955.95,+10.45)120日(8481.42,+
2/26
7950
3/5
7306
3/29
7764
4/13
8108
4/19
7883
4/30
7843
5/7
8132
5/15
7968
5/23
8256
3/1
1371
3/12
1470
3/27
1291
4/4
1336
4/17
1326
5/3
1203
5/22
1171
成交值(億元) 收盤值:1669.84 增:102.09 60日
2
3
4
5
96

補跌。

在我殺低了一些聯陽和盛群後，它們竟戲劇化的連袂從盤中大跌往上急拉，眼看機不可失，我跟著一路往上調節，但大部分股票最高只出到平盤價下緣，等它們的股價翻紅再創新高，我反而失去戒心而沒什麼賣，當天各減碼大約三分之一的聯陽和盛群。結果它們雙雙拉到漲停板邊緣，聯陽甚至以漲停板下一檔作收（見P.207的圖）。

七月二十八日：周六休市。在各大媒體對股市仍一片看好之際，我從報上看到這一波領導股聯陽和盛群的大股東聯電，各申報轉讓了一九五〇張和三五〇〇張，我驚覺這是壓垮大盤的最後一根稻草。

七月三十日：我在開盤前用平低價和二分之一跌停價兩個價位，掛出了一些聯陽，還有盛群。盛群一開盤開很低，預先掛出的單子沒出掉，而聯陽更慘，一開盤就量縮跌停，想賣也賣不掉，我心裡嘀咕，「如果這是主力壓低出貨，也太狠了！」

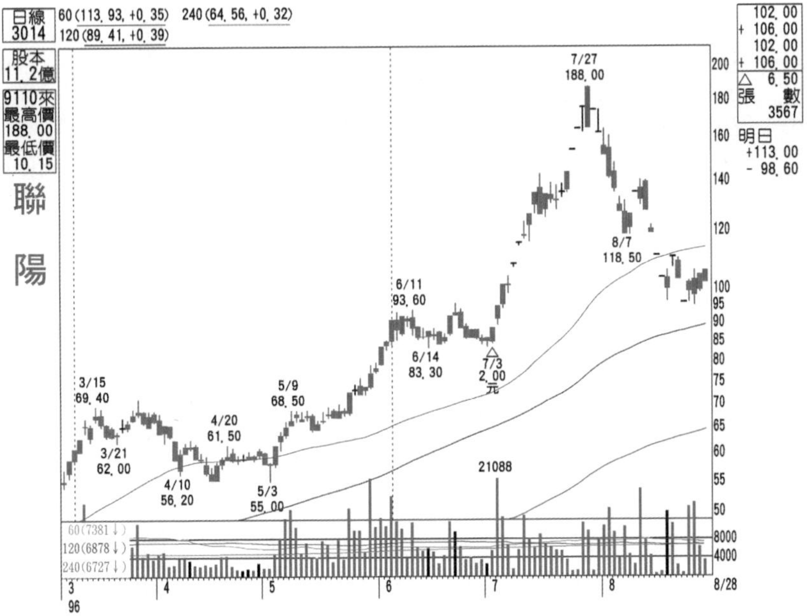

我想起以前的經驗：個股在大漲一段後，盤中出現大跌，即使當天股價拉上去，也是危險訊號，尤其當大盤已自最高點拉回一段時。這可能是主力爲了避免引起投資人恐慌，而刻意作價，一旦隔天看不到高價，更可以確認股價已經轉弱。

我事後諸葛，責怪自己在前一個交易日，爲什麼不趁著聯陽和盛群從大跌拉到大漲時多出一些？直到盛群接著亮出跌停的燈號，我才回神，急忙用跌停價出了一些盛群。

指數一再測試某支撐，則該支撐跌破的機率很高

八月二日：行情探底數日後，來到六十日線的位置，這也幾乎是大盤連接九十六年三月五日的七三〇六點和九十六年五月三十日的八一一〇點的中期修正後上升趨勢線的支撐。在漲得夠久的行情中，六十日線常和中期上升趨勢線重疊，形成雙料支撐。通常，在股價大漲後第一次拉回，往往不會一下子跌破六十日線，因爲這時六十日線的角度還很陡，具強勁支撐。

果然，該支撐不負眾望，指數在八七二七點形成短底。

在底部未經確認前，由於我的持股比率仍高，我一直警惕自己，心思不該放在搶反彈，因爲在搶反彈的同時，常會忘了要逢高減碼，如果反彈的時間很短暫，更來不及翻多爲空。

隨後幾天，指數反彈到九二一九點。

八月十四日：指數第三度拉回測試六十日線，雖然勉強守住，但根據經驗，股價一再測試某支撐，則該支撐跌破的機率很高，六十日線已經岌岌可危。在這一波開始大跌的第三個交易日，我到某電台接受訪問，當時我還認爲六十日線應該守得住，主持人說他已出清持股。他反問我，「萬一六十日線跌破了怎麼辦？」我愣了一下，隨即根據「不該自我設限」的原則回答，「只好進一步減碼。」

八月十五日：美股大跌，台股一開盤就跳空跌破六十日線，隨後指數更進一步跌破這一波八七二七點的底部。收盤後，打電話來討論行情的朋友變多了，有人說他今年賺的錢全都吐回去了，有人說次級房貸風暴對歐美消費市場的殺傷力恐怕比想像中來得嚴重；一位朋友苦中作樂，打趣說：「之前市場都在談『破萬點』，沒想到不是台股漲破萬點，而是道瓊可能跌破萬點。」還有更多人問我該怎麼辦。顯然地，大盤跌破六十日線，大家開始不安。

漲時漲過頭，跌時跌過頭

八月十六日：台股又大跌，指數跌到八千二百點，但我注意到，鴻海在之前已大跌一段的情況下，差一檔跌停。台股有個歷史經驗法則：鴻海跌停，台股底部不遠。像民國九十六年三月五日，鴻海盤中出現跌停板，同一天指數的低點七三〇六點，正巧是近期底部。這可能意味當有些人爲了變現，連鴻海這樣的績優股都不計價殺出，大盤賣壓已宣洩得差不多。雖然出現這樣的訊號不一定是大盤買點，但總是買進的線索之一。

當天晚上，我應邀發表演講，會場裡座無虛席，主持人打趣的說：「大家是來相互取暖嗎？」一位聽眾問我：「台股會不會跌到三、四千點？還要不要賣股票？」我嚇了一跳，心想，「怎麼才短短幾天，市場心理就從『要不要追高』急轉直下，變成『要不要殺低』。」我又想到，或許這位投資人知道之前的漲勢是從三四一一點起漲的，而有些人一驚慌，就以爲指數會直接跌到距目前價位還很遠的起漲點。

我向她解釋，之前的漲勢從三四一一點起漲後，當中有經過整理，就算會跌到三、四千點，這也是下幾個階段以後的事。我還告訴她，如果你太驚慌，很可能殺在波段低點。

至於要不要進一步降低持股比率，這要看指數的下檔空間有多大。我有預感，指數當時一定很接近近期底部，但我不是單憑「鴻海差一檔跌停」，我主要的依據如下。即使指數已跌破本波段自六二三二點以來的上**升趨勢線**（連接民國九十五年八月二十八日的六四二二點和九十六年三月五日的七三〇六點），但緊接著下檔有二四〇日線的支撐。鑑於在民國八十九年的七千點大跌中，當指數自一〇三九三點下跌，二四〇日線曾數度發揮支撐，直到指數終於跌破二四〇日線而且二四〇日線的角度由上升轉爲下降，指數才加速大跌（見P.222的圖），而在民國九十六年八月十六日，二四〇日線的角度還在往上走，應該不會直接跌破。所以，我堅信即使理性分析一再失靈，跌勢一下子煞不住車，大盤跌破二四〇日線的七八五六點，指數也會很快彈回八千點。

而且，這一波多頭漲勢，如果從三四一一點起算，漲了五年多，一路漲了五三九六點，突然尖頭反轉，很多大戶來不及撤退，在人氣未散的情況下，根據民國八十九年的經驗，應該還會拉出一波逃命行情。

空手也是一種風險

此外，雖然當時指數離二四〇日線的可能支撐還有三百多點，但對操作金額很大的人來說，不可能在此時先出清股票，等指數確定站穩二四〇日線後再補回來。而且，雖然目前大盤底部尚未浮現，但有的相對強勢股已不再隨大盤破底了，這時不宜再降低持股比率，頂多是換股操作。

就心理層面而言，一般人對股票的心態大多是「愛之欲其生，恨之欲其死」，滿手股票時，恨不得股市漲翻天，股票賣光了，恨不得股市會崩盤。如果我根據技術面，認爲跌勢已近尾聲，卻在最後關頭因爲心理面熬不住，把股票賣光了，那麼在接下來的大盤反彈時，我的心態一定調整不過來，而被行情拋在後面，這是比賠錢更可怕的煎熬。因此，在這個時間點，我寧可相信凱因斯所說的「**激烈出清是不對的**」，我甚至認爲加碼的時機快到了。

八月十七日：前一晚美股雖然收小黑，卻留下三百多點的下影線。台股走勢和美股如出一轍，當天盤中指數最低殺到七九八七點，日K線雖然收黑，卻留下大約一百點的下影線。當天晚上，美股因聯準會調降重貼現率兩碼而強勁反彈，朋友們奔走相告，市場氣氛在一夜之間大逆轉，我終於可以喘一口氣！

事過境遷，一位朋友提起，在九八〇七點做頭的那一天中午，他剛好有個飯局，傳來成交量暴增指數卻大跌，一夥人草草結束飯局，各自打道回府出股票。我對他們的敏銳度驚訝不已。

比起有的人說他剛好在九八〇七的最高點時大賣持股，這些在看到疑似頭部出現後才機警地大幅減碼的人，雖賣得沒那麼漂亮，卻更令人佩服。因爲，能夠出在最高點的人，機運大於實力；但能不預設立場，等市場告訴他們情況不對時，才果斷出場的人，不只有實力，更能守紀律。

從大波動中培養出應變的能力

一位市場老手告訴我：「從做頭的那一天算起，能在三天內至少出清一半持股的，才算高手。」這樣的說法有點像是救援時有所謂的黃金七十二小時。要做到這樣，境界實在太高，而且難免會賣太早，但我們最慢應在短中線多頭趨勢反轉，比如說跌破六十日線時，大量減碼。

隨著次貸風暴暫時緩和，台股重返九千八百點，對於一位根據轉折點操作的投機客，如果他在高檔並未大幅減碼而持股又漲回來了，由於在轉折過程中潛藏了很大的套利空間，所以他還是犯了「隱藏性的失誤」；至於那些在高檔減碼不多，而持股（如聯陽）在大跌後也未隨著大盤大幅反彈的人，更是犯了明顯的錯誤。

對有本事的人來說，市場的瘋狂和混亂不但不是災難，反而是財富重分配的良機。債券天王葛洛斯就說過，「**只要想到現在全球經濟如此震盪，我就覺得興奮不已。**」回顧這一波，在市場一致看好的情況下，籌碼快速分散而大跌，看似就要崩潰，又在市場一致看壞下，籌碼迅速獲得歸宿而重新展開攻勢。這次大盤忽下忽上的經典課程，讓我學到兩點。

一、漲勢接近尾聲的一個重要特徵，就是漲勢急遽加速，但是激情不會持久。當大盤日K線在盤中挾著大量出現長黑，就該先行減碼，不必等到尾盤確定日K線收長黑時才減碼，因爲這時我們很可能看到股價跌更深了而更捨不得出，甚至有的弱勢股已跌停出不掉。同樣的，如果硬要等尾盤買進訊號較確定時再進場，也會失去先機。

二、在指數大漲過後，跌破六十日線時要保守。如果指數又跌了一段，跌到二四〇日線上緣，因爲跌幅已深，可以不要再殺股票，甚至可以在指數逼近二四〇日線而且拉出長下影線（或長紅）時搶反彈，例如在民國九十六年八月十七日。但不管搶不搶得成，最晚等指數創新低時要再減碼。

第二篇

結合技術分析和資金管理

第14課 賭機率，不賭博

贏家掌握賭的規律，敢走出舒適區
輸家搏個希望，常闖入地雷區

做股票可以是賭博，也可以是有所本的投機，這要看我們用怎樣的心態和方法。如果我們只是一廂情願地期望股價怎麼走，那就像期望押對寶的賭客在賭場聲嘶力竭地吶喊，純粹碰運氣，這是盲目的賭博，十賭九輸。反之，如果我們找得出股價漲跌的規律性，並在愈有把握時買愈多或賣愈多，那就像懂得竅門的職業賭客在賭場玩一些需要技巧的遊戲（如二十一點），不但有方法來拉高贏面，還會從一次次的下注中不斷修正技巧，這就是在賭機率，玩久必贏。

很多人把自己股票做不好的原因歸咎於資金不足，因爲如果資金夠，就可以在股票大跌後進場翻本。但我在資金從很少滾到比較多之後卻發現，小部位才更好操作，如果搞不清楚股票賭博和股票投機的差別，而且賭錯邊，就算資金再多，很可能在跌勢初期就買到沒錢買了。

其實，我直到學會了技術分析，擁有了競爭優勢，才從賭客提升到投機客的層次。我發現，愈是在關鍵時刻，過去所發生過的線形，重複發生的機率更是高得驚人；我想，這可能是因爲愈在關鍵時刻，相信歷史會重演的技術派人士愈是關注技術面的演變，甚至，他們一致行動而主導了盤勢，造成歷史重演。

技術線形中沒有新鮮事

例如，民國八十九年指數自一〇三九三點下跌，但直到跌破二四〇日線而且二四〇日線開始下彎後，指數才加速大跌，最後跌到三四一一點（見P.222的圖）。如果我們知道這個經驗法則，在民國九十七年指數自九三〇九點下跌，於六月九日跌破二四〇日線而且二四〇日線開始下彎時殺出持股，當時還能賣在八五八七點左右，距波段高點九三〇九點，只有七・七六%的差距，賣的時候比較不會捨不得，結果歷史重演，指數最終跌到三九五五點（見P.226的圖）。

雖然近十年來僅有的兩次跌幅超過五千點的大跌，都在指數跌破二四〇日線而且二四〇日線開始下彎後加速大跌，但出現這樣的訊號，指數未必大跌，有時甚至還會拉出一波反彈行情，關鍵在於二四〇日線翻空時的前一波漲幅有多大，以及前一波套牢的籌碼有多少。之前指數的漲幅愈大、套牢的籌碼愈多，下檔的跌幅可能愈深。順便一提的是，指數盤頭的時間愈久，通常表示套牢的籌碼愈多。

六十日均線是多空分水嶺

如果我們只按照二四〇日線的相關原則來操作，在民國九十七年六月九日二四〇日線開始下彎之前，早在同年一月二十二日，二四〇日線就出現同樣的賣出訊號，而且因爲之前的漲幅已經很大而且也已經漲很久了，我們會在當日的七五八一點左右大賣股票。要是我們後來沒有回補，就錯過隨後指數上漲到九三〇九點的行情，除非是放空，否則也不會等到同年六月九日當二四〇日線翻空時，才在八五八七點大賣股票。雖然從指數後來跌到三九五五點來看，賣在七五八一點也算賣得很好，但如果我們根據六十日線，可以做得更精確。

而且，其實像民國九十七年六月九日等到二四〇日線翻空，還能賣在高檔的情況算是特例。在民國八十九年七月，等指數跌破二四〇日線而且二四〇日線的角度於二十四日首次出現負值時，指數離波段最高點已大約拉回二二％，但那一波如果在指數跌破六十日線而且六十日線下彎時於四

-17.48)240日(8592.71,-0.53)開:7517.07 高:7713.03 低:7505.10
10500
10000
9500
9000
8500
8000
7500
5/20
9162
6/8
9209
5/26
8394
7/17
8637
7/5
7988
7/24
7/27
7728
8/8
7676
8/21
8304
9/1
7381
5/17
1796
5/31
1534
6/8
1570
6/22
960
7/5
1000
7/14
1305
7/28
897
8/9
969
8/18
1255
1200
800
400
(766.72,+5.04)120日(1087.26,-10.11)
89/09/02
6
7
8
9

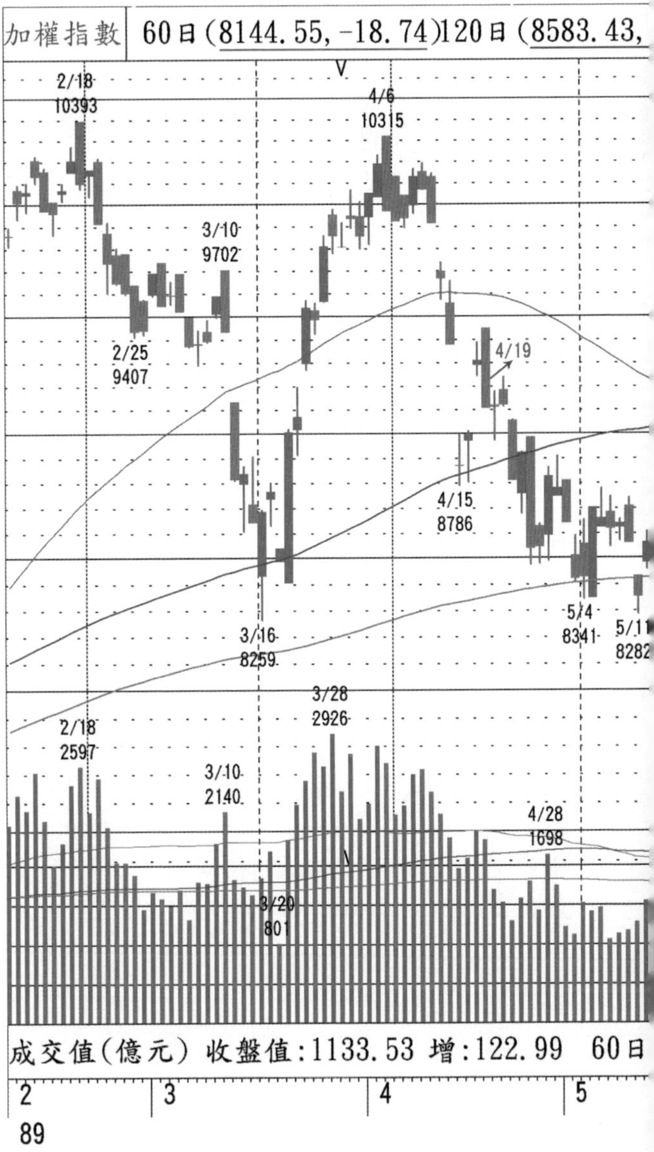
加權指數
60日(8144.55,-18.74)120日(8583.43,
2/18
10393
4/6
10315
3/10
9702
2/25
9407
4/19
4/15
8786
3/16
8259
5/4
8341
5/11
8282
3/28
2926
2/18
2597
3/10
2140
4/28
1698
3/20
801
成交值(億元) 收盤值:1133.53 增:122.99 60日
2
3
4
5
89

月十九日減碼，離波段最高價只拉回大約一三％。

均線中對我幫助最大的是六十日線。六十日線的時間架構比二四〇日線短很多，通常會早早領先二四〇日線出現買點或賣點。甚至，爲了搶先一步，我常在指數跌破六十日線就先行減碼，等到指數站不回六十日線而且六十日線下彎再加碼賣出。

此外，指數碰到六十日線的次數比碰到二四〇日線的次數頻繁多了，即使我們在指數跌破六十日線後賣股票，結果發現賣錯了，還可以較及時地在指數重新站上六十日線時買回來。

招式要配套運用

但問題是在大盤盤整期間，指數相當容易站上或跌破六十日線，甚至沿著六十日線上上下下，造成我們一下子買進、一下子賣出，而且經常買高賣低；即使在跌勢市場，如果我們只會運用六十日線來買賣股票，如果指數下檔有限，那我們在指數跌破六十日線時賣掉股票，等指數重新站上六十日線時再進場買進，這時指數的位置可能更高了。

技術分析的應用是環環相扣的，該不該在指數跌破六十日線時減碼以及要減碼多少的關鍵，和指數在跌破二四〇日線時的考量一樣，在於預期下檔跌幅會不會很深。要預測下檔跌幅會不會很深，則要依據之前一波的漲幅有多大，以及漲了多久。前一波漲了三千點後跌破六十日線，比前一波漲了一千點後跌破六十日線，我們要更小心。

翻開走勢圖，我們可以發現，民國八十九年的大跌和民國九十七年的大跌還有一個相似之處，那就是在大跌前，都至少出現一次逃命行情。在民國八十九年的大跌前，指數自一〇三九三點拉回跌破六十日線，跌到八二五九點，在跌了二一三四點後，拉出一波二〇五六點的反彈，重新站上六十日線，來到一〇三一五點，等再次跌破六十日線，空頭行情才正式展開。可見，在一個走了好幾年的大多頭行情即將結束前，因爲人氣還在，

88.38 高:8088.38 低:7897.97 收:7902.44
9500
5/20
9309
4/17
9194
24
49
9000
6/6
8809
5/12
8754
6/9
8500
4/1
8419
8000
7500
/24
718
4/17
2397
5/2
1789
5/16
1823
5/30
1636
6/12
1267
1200
800
400
0.40 240日(1484.16,-3.66)
97/06/20
80
50
20
4
5
6
6/20

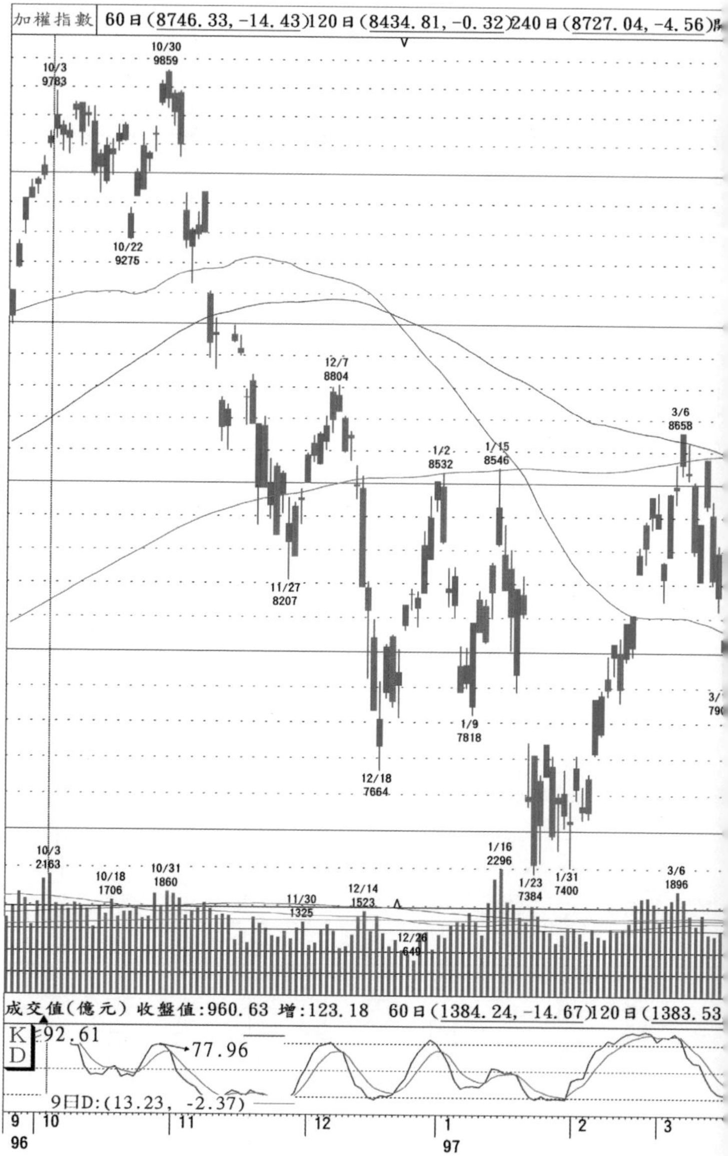
加權指數
60日(8746.33,-14.43)120日(8434.81,-0.32)240日(8727.04,-4.56)
10/3
9783
10/30
9859
10/22
9275
12/7
8804
11/27
8207
1/2
8532
1/15
8546
3/6
8658
1/9
7818
12/18
7664
1/23
7384
1/31
7400
10/3
2163
10/18
1706
10/31
1860
11/30
1325
12/14
1523
12/26
640
1/16
2296
3/6
1896
成交值(億元) 收盤值:960.63 增:123.18 60日(1384.24,-14.67)120日(1383.53
K
D
92.61
77.96
9日D:(13.23, -2.37)
9
10
11
12
1
2
3
96
97

通常還會拉出一波逃命行情。

大多頭行情結束前，通常還有反彈波

而在民國九十七年的大跌前，指數在民國九十六年七月自九八〇七點拉回跌破六十日線後，來到七九八七點，在拉回一八二〇點後，和民國八十九年一樣，做了一次一八七二點的反彈逃命行情，指數重返六十日線，來到九八五九點（見P.204的圖）。不同的是，隨後指數拉回跌破六十日線，但大盤並不像民國八十九年直接展開空頭行情，而是跌到七三八四點後，在總統選舉行情的推波助瀾下，又拉了一九二五點，重返六十日線，來到九三〇九點，比預期中的一次反彈行情，還多拉了一次（見P.226的圖）。

這意味著，通常指數大漲後拉回，並不會直接探底，而是至少再攻一波，讓投資人喪失戒心，以爲股市不會走空頭，然後才會大跌。漲勢延續得愈久，一旦指數眞正跌破六十日線，代表近期內套在高檔的籌碼更多了，大跌的機率更高。同理，通常指數在大跌後反彈，並不會直接上攻，而是至少再殺一波，把投資人磨得受不了，以爲股市沒希望了，然後才會大漲。

或許我們在民國九十七年五月二十日之前的半年內，當時大盤方向尚未明朗，如果我們只根據六十日線或二四〇日線來操作，可能有時對、有時錯，但在接下來的一個月內，如果只根據六十日線或二四〇日線來操作，只要做對一次就夠了。

民國九十七年五月二十六日，我們可以在指數跌破六十日線所在的八七四〇點時減碼，或緊接著在六月九日指數跌破二四〇日線而且二四〇日線開始下彎時，賣在八五八七點左右，最遲我們也可以在六月十三日六十日線下彎時，賣在八一〇五點。怕的是，我們可能在五月二十日之前的半年內，因爲根據六十日線或二四〇日線來操作，時靈時不靈，在五二〇後就不再根據六十日線或二四〇日線的訊號來操作。

熟悉的事不必想太久

輸贏的結果不僅取決於每次出手的勝率和每次可能輸贏的金額，還取決於出手的總數。在股市，假設每次出手的勝算從五〇%多個五%，提高到五五%，當我們累積出手的次數只有九次，贏的次數比輸的次數多的機率只提高到六二%，再假設每次輸贏的金額都一樣，把交易成本算進去，勝負還不是很明顯，這時賭博的成分還是很大，「多個五%」，好像沒什麼差。

但是當我們累積出手的次數達到九百九十九次，贏的次數比輸的次數多的機率就提高到了九九%，假設每次下注的金額都一樣，就算把交易成本算進去，贏面還是很明顯，而且交易的次數愈多，賺的錢愈多，這時，做股票就成了一種行業。

問題是，每次出手的勝算我們很難精確計算，頂多只能籠統地抓個大概。股票的事沒有絕對，多少要冒點風險，股票要做得好，我們的賭性不能太強，但也不能太少，重點是賭性要用在勝算高的地方。我們要用頭腦想，但也不能想太多；我們不要等很有把握時才出手，只要覺得合理就可以出手，這樣才會多出手，也會提高命中率。就像我們常看到ＮＢＡ球員最後一秒鐘在三分線外得到投籃空檔，毫不思索地出手，往往就中了；但只要稍加猶豫，反倒不會中。

一般人做股票時經常顯得猶豫的一個原因是，讓招式和招式之間互相牽制。例如，想要兼顧基本面和技術面，但兩者卻互相牴觸；或是想要兼顧短中線和長線，但兩者卻經常分歧。

操作原則不是公式，只是概念

投資人也老是在追求一個確定的數值來套公式，以至於不能靈活操作。比如說，他們總愛問，「長紅」是漲多少？「中線」是做多久？但長紅和中線都是相對的概念，很難硬性規定範圍。很多人在不能套公式得到肯定的答案後，常轉而尋求專家的簡單答案，因而學不會操作。

又例如，我每次和朋友提到，「大多頭行情結束前，通常至少還會拉出一波反彈波」，大多數人都會問，「要漲了多少點、走了多長期間的多頭行情，才會出現逃命行情？」但我只能提供一個概念，「漲得愈多、漲得愈久的多頭行情，在結束前出現逃命行情的機率愈大。」事實上，最近三次超過五千點漲幅的大多頭行情，包括民國一〇〇年二月漲抵九二二〇點這一次，在大跌前都出現逃命行情。

弔詭的是，這個原則又牽涉到另一個原則：漲得愈多、漲得愈久的多頭行情在結束後，大跌的機率愈大。就是因爲不確定會不會有反彈逃命行情，我們在指數大漲過後首度跌破六十日線時，如果想等反彈逃命行情來了再出股票，萬一反彈逃命行情不來，很可能全軍覆沒。像民國七十一年指數自四二一點起漲，漲到民國七十八年的一二六八二點，漲了一萬二千多點，隨後卻在跌破六十日線後，一波跌到底，跌了近萬點（見 P.340 的圖）。

正如李佛摩所說的「**回檔之後賣出，不是反彈時賣出**」。我們合理的作法是在大漲後，最遲在指數跌破六十日線時要先減碼；在減碼後，如果反彈逃命行情可能來了，還可以在指數重新站上六十日線時進場；萬一反彈逃命行情遲遲不來，等六十日線的角度接著轉而下彎，要進一步減碼。

有了技能，還要守紀律

隨著自己出手的次數密集增加，愈做愈熟練，我們的勝算不會一直停留在五成多一點點，甚至可以提高到七、八成以上，在出手次數和命中率雙重提升下，我們的優勢只會愈來愈明顯。

而且，不但每次下注的勝算不會一樣，每次下注的金額也可以不一樣。當我們找到贏錢的方法後，我們不一定每次都能押對邊，但在很有把握的那一次，一定要有大動作。

有了一套判斷市場走勢的準則，也有了好的資金管理辦法，我們還要遵守操作紀律。有時，我們覺得走勢不太對，卻告訴自己「這次眞的不一樣」，但違背了原則一次，有一就有二。人在輸錢時，由於不服輸的心理，比在贏錢時更難離場，而且常會急著進場攤平，所以總是加碼得太早。

除了用技術訊號，有的人還很擅長用時間點來作爲進出場的依據。像我認識一位在股市白手起家的大戶，當市場預期的大利多才剛開始發酵，他會積極進場部署，等利多一出來，即使是大賠，他就是要賣。他在民國九十七年馬英九先生當選總統後的第一個交易日，開盤就大賣股票，避開了隨後的金融風暴。

他還善於見風轉舵。民國一〇一年三月二十八日，財政部準備復徵證所稅的消息傳出後，他拚命賣股票，他認爲別的大戶也會與他一樣，用「賣股票」來對這項政策投下反對票。在他出場後，指數又急跌一千點，跌到六八五七點。

駕馭股市，或遠離

遵守操作紀律還隱含著我們需要保持冷靜。如果市場上一有大波動，我們的心也跟著波動，尤其當我們在尖叫著或在鼓掌，就不能鎮定分析盤勢。像有時我在盤中加碼，原本已決定在收盤前減碼比較不看好的股票，卻因爲股價跌下來了而賣不下手。更極端的是，尾盤股價一陣急殺，我呆掉了，想要賣的部位沒賣到，原本掛在低檔等候的買單又忘了取消而接到；通常在這種情況下，隔天股價大多是下跌，令人懊惱不已，就算是看錯行情，也不會那麼令人難過。

每次有親友想開始玩股票，問我的意見，我總是告訴他們，如果是抱著玩票的心態，能不玩就不玩，因爲做股票成功的機率很低，卻每天都要牽腸掛肚；一定要玩的話，玩愈小愈好，小賭怡情，就把可能會賠掉的錢當作娛樂的開銷。他們聽了，總覺得我在開玩笑，他們不是來玩的，而是來賺大錢的。所謂「不是弄潮人，莫入洪波裡」，我眞正想說的是，想在股市討生活就要修煉出某種能提高勝算的方法、做好資金管理、自律並保持冷靜。

第15課

在漲勢形成時追漲 在跌勢形成時殺跌

輸家用購買打折商品的心態，在股票跌下來時進場撿便宜
贏家等股票漲勢形成、變成增值品時進場，買貴但買對

剛出道時，我常因爲股價漲上來了而買不下手或往上賣，卻在看回不回後追到相對高檔；常因爲股價跌下來了而賣不下手或往下買，卻在看底不是底後殺在相對低檔。後來，我領悟到，要在漲勢形成時買進，雖然這時價格已經上漲，但還會再漲；要在跌勢形成時賣出，雖然這時價格已經

下跌，但還會再跌。因為漲勢（或跌勢）不是一看就明白，所以我隨著局勢的明朗而分批往上承接（或分批向下賣出），而不是孤注一擲，這樣心理上較能承受。

正準備進軍股市時，我把做股票想得太簡單，我的如意算盤是採取「逢輸加倍法」。比如說，我先用十萬元買進每股十元的某支股票十張，如果股價上漲一元，我把利潤落袋，把操作金額恢復為十萬元左右；如果股價下跌，每跌一元，我買進的總張數加倍，例如，股價從十元跌到九元，我再加碼買進十張，如果股價持續跌到八元，我再買進二十張，如果股價持續跌到七元，我再買進四十張，依此類推。

在逢輸加倍後，只要賭對一次股價距最近的買進價反彈一元的行情，不管前面輸了多少，我都可以完全彌補，而且，不考慮交易成本，還可以倒賺到最初賭注的一成，也就是一萬元；在此同時，我獲利了結。

順便一提的是，在這個方法中，也可以把加碼（或減碼）的級距調整爲股價每跌（或漲）〇・五元或其他數值。

做股票沒那麼簡單

雖然說「錯到底就對了」，但在實際操作上，我卻堅持不下去。最主要的原因是股價跌得愈深，理論上愈可能反彈，但同時距離我沒錢可用的絕境也更進一步。假如，我最初用每股十元買了十萬元的股票，股價每下跌一元，我買進的總張數加倍，如果以台股經常一跌就跌掉五成，而且下跌過程中不曾反彈一元來計算，跌到五元時，我的帳面上就產生了三十一萬元的虧損，而且，我必須備有一九一萬元才能翻本。

事實上，如果我能動用一九一萬元，一開始我不會只買十萬元。就算我還有錢來加倍攤平，而股價終於反彈了一元，我也只賺到最初賭注的一成，也就是一萬元，卻要承擔萬一資金無以爲繼時的極端風險，實在是不划算。

不只是錢的問題，精神上的煎熬也令人受不了。隨著跌勢的擴大，我愈會擔心，這些公司是不是出了什麼問題、會不會倒閉？所以很難撐到最後。

後來，我驚訝的發現，賭博的下注法不只有「逢輸加倍法」，還有「逢贏加倍法」。比如說，我先用十萬元買進每股十元的某支股票十張，如果股價下跌一元，我把操作金額補爲十萬元；如果股價上漲，每漲一元，我買進的總張數加倍。例如，股價從十元漲到十一元，我再加碼買進十張，如果股價持續漲到十二元，我再買進二十張，如果股價持續漲到十三元，我再買進四十張，依此類推。

連贏要衝，但要衝得及時

在逢贏加倍了越多次以後，一旦股價距最近的買進價下跌一元，感覺上倒賠的錢會直線上升，不過實際情況是，不考慮交易成本，不管加碼再多次，倒賠的錢都只有最初賭注的一成，也就是一萬元；在此同時，我執行停損。

我早就知道，停利不停損的逢輸加倍法，雖然迎合我們「急著翻本」的人性，卻會讓我們賺小錢賠大錢。但我萬萬沒想到，停損不停利的逢贏加倍法，雖然違背我們「落袋爲安」的人性，但加以修正，卻會讓我們賠小錢賺大錢。

要如何修正呢？首先，我們不能像逢贏加倍法所說的，機械化的以股價距最近的買進價上漲（或下跌）多少元或多少比率來加碼（或設停損）。主要的原因是，股價走勢不是連續的，如果股價跳空站上加碼點，或跳空跌破停損點，會讓我們無法成交。

而且，如果股價在這個機械化的加碼點的稍高位置有強勁反壓，比如說股票箱的上限，我們應該是等突破反壓再加碼才合理；如果股價在這個機械化的停損點的稍低位置有強勁支撐，比如說股票箱的下限，我們應該是等跌破支撐再停損才合理。總之，我們最好是依據線形來加碼或減碼。

光靠下注的方法，並不能改變輸贏的期望值

其次，我們不是無限制的隨著整體獲利增加而加碼，這樣必輸無疑，而是要在漲勢適度展開後就停止加碼。這涉及到一個重要課題，那就是我們必須看得出趨勢，才能談如何下注。如果股價的變動是隨機的，或股價的變動不是隨機的，但我們看不清方向，那我們每次出手，輸或贏的機率各是一半，加上交易成本，從長遠看，不管採用什麼資金管理的方法，都不能扭轉頹勢。就像賭客在賭場玩莊家占有機率上優勢的遊戲，不管怎麼改變下注法，只要賭得夠久，最終都是輸家。

還好，股價的變動不是隨機的，而是有慣性的，直到另一股強大的力量改變這個慣性。就像《股價趨勢技術分析》這本書上所說，主要趨勢包括漲勢、跌勢或橫向盤整，通常都傾向於繼續發展。因此，等大盤漲勢形

成後，我們往往來得及往上加碼；等大盤跌勢形成後，我們往往來得及往下減碼。

但股價有時可以被預測，有時卻不能。原則上，愈長期的走勢愈難預測，但過於短線的走勢也很難預測。例如，個股明天的走勢就很難猜，除非它今天的氣勢強勁到以漲停鎖死而且漲停後量縮，我們才能預知它明天很可能續漲。

然而，如果個股的短中線趨勢翻多，我們雖不知道它明天會漲還是會跌，卻知道它「近期」股價上漲的機率比較高，因為買方的力道比賣方強。這有點像NBA湖人和塞爾蒂克的七戰四勝總決賽，如果我們認為湖人隊的實力比較強，我們雖難以預測湖人隊將贏得哪幾場比賽或會幾勝幾負，但我們可以合理的預期，湖人隊將贏得較多場的比賽。麻煩的是，在股市，漲勢延續的「近期」是多久時間，沒有標準答案，我們只能隨時評估漲勢是否有變化。

分批買或賣，要順應趨勢

一般人喜歡逢低加碼，買黑不買紅。但如果我們從易跌難漲的股價當中，或從漲時不能創短期新高、跌時卻屢創短期新低的股價當中，看出股票正處於跌勢，我們不但不應該逢低加碼，反而應該逢低減碼。

當然，如果我們看得出底部快到了，反而該逢低大買，但底部經常深不可測。如果買進的價位相同，而且我只能在底部形成前買太早或在底部形成後買太晚之間二選一，我寧可買太晚。這不是爲了節省利息支出，而是因爲太早進場後，一旦買進的部位大跌，我的心思會因此而轉變爲想要解套；而太晚進場表示底部已得到確認，接下來的股價還會漲，我在賺錢時比較抱得住股票。問題在於有時我在股價築成小底時就急著進場，並在破底後捨不得認賠而套牢。

例如民國九十七年十月三日，我在台泥大跌後拉出長紅，線形出現小W底時，在二十元附近買了二百張，沒想到它隨即破底，我捨不得減碼，眼看著它急跌到十四・一五元。經過這番波折，我的信心動搖，心思已轉爲如何解套或少賠。等它反彈到之前小W底底部十八・六元的下緣，我全部認賠出清，錯過了該股隨後的大漲。

我想，即使要進去摸底，也只能小買，尤其在股價出現小W底時，因爲之前打兩隻腳後反彈的幅度有限，代表多頭反撲的力道不強；而且就算我等到台泥股價以長紅站上六十日線，反彈可能變回升後，在更高價位的二十二元附近才去「追高」，我更能賺到錢。

有賺到錢的股票才能再加碼

同樣的，如果我們從易漲難跌的股價當中，或從跌時不破短期新低、漲時屢創短期新高的股價當中，看出股票正在上漲，在股價突破關鍵點後，我們可以分批往上加碼。至於要往上愈加愈少或愈加愈多，並不是重點，重點是要加碼在離關鍵點的漲幅尚不太大的範圍內。在我資金尚不充裕的時期，正確的說法是，在行情適度展開後，我就買到沒錢買了。

李佛摩特別強調，在最近一批投入的資金還沒獲利之前，一定不能增加持股。因爲這可能是他看錯行情了，也有可能是他看對行情，但加碼得太早，因爲不知道是哪一種情況，所以寧可等之前投入的資金獲利，確定自己看對行情而且時機正確時，才考慮繼續往上加碼。

根據這個原則，我們可以從持股的表現，加碼表現較好的，尤其當它們表現強於同類股時。而表現較差的股票不是因線形轉弱而被賣掉，就是因資金需求而被汰換。當然，如果我們把選股範圍擴大，隨時觀察自己所沒有的股票的表現，持股組合更會是一時之選。但如果正準備汰換的持股突然轉強，比如說即將突破盤整，我們就不必賣了，甚至還要加碼。

我隨時都準備汰弱換強，尤其在大盤升破關鍵的加碼點，或在個股升破關鍵的加碼點時。值得注意的是，「有賺才能加碼」只是原則，我們要知道變通。比如說，即使持股還沒賺錢，但如果強勢突破重大反壓，我們就可以加碼，因爲等到賺錢就來不及了。

能再創新高，才有波段行情

一般人的通病是：在跌勢剛確立時沒有賣，等股價又大跌一段後才去殺低；在漲勢剛確立時沒有買，等股價又大漲一段後才去追高。

例如，在跌勢中，當六十日線由上而下跌破一二〇日線形成死亡交叉的前後幾天，如果我們預估到或看到跌勢更確立才出場，短線很可能殺低，因爲近期的跌幅已深，六十日線的負乖離相當大，根據經驗法則，指數這時常會反彈。同樣的，在漲勢中，當六十日線即將由下而上穿越一二〇日線形成黃金交叉的前後幾天，如果我們預估到或看到漲勢更確立才進場，短線很可能被套牢，因爲根據經驗法則，指數這時常會拉回，以消化之前波段漲幅的獲利了結賣壓；拉回後，漲勢會不會再持續，要看指數能不能再創近期新高。

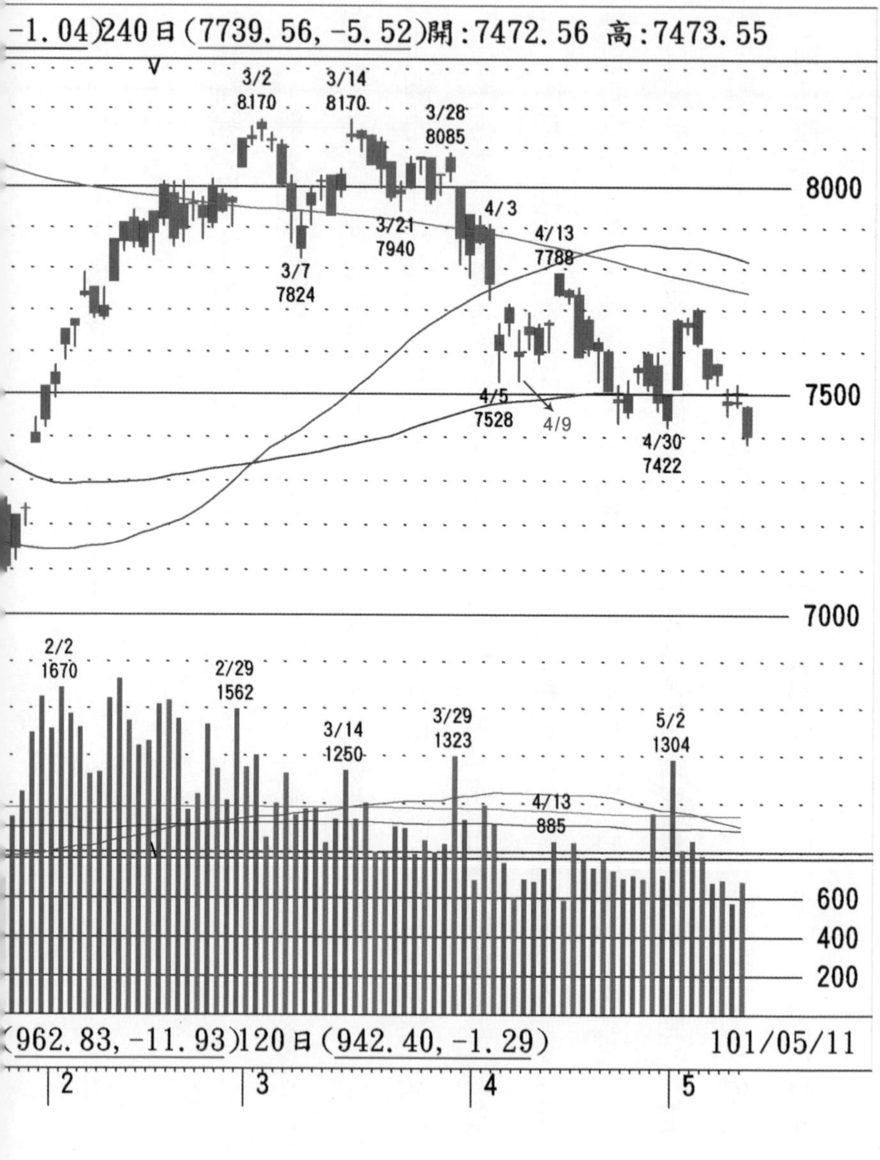
-1.04)240日(7739.56,-5.52)開:7472.56 高:7473.55
3/2
8170
3/14
8170
3/28
8085
8000
4/3
3/21
7940
4/13
7788
3/7
7824
4/5
7528
4/9
7500
4/30
7422
7000
2/2
1670
2/29
1562
3/14
1250
3/29
1323
5/2
1304
4/13
885
600
400
200
(962.83,-11.93)120日(942.40,-1.29)
101/05/11
2
3
4
5

加權指數
60日(7817.06,-8.05)120日(7502.00,
10/28
7743
11/8
7683
10/21
7205
11/10
7274
12/1
7199
1/2
6948
10/28
1447
11/24
6744
12/19
6609
1/2
504
成交值(億元) 收盤值:681.85 增:108.87 60日
10
11
12
1
100
101

例如，民國一〇〇年年底指數自六六〇九點展開反彈，在隔年三月二日六十日線由下往上穿越一二〇日線當天，指數正巧創波段新高八一七〇點，隔天指數開始拉回，跌到三月七日的七八二四點。後來，指數反彈，又於三月十四日受阻於八一七〇點的反壓而拉回，在四月三日跌破七八二四點的頸線後，形成M頭，接著於四月五日跌破六十日線，漲勢告一段落（見P.248的圖）。

爲什麼這一波漲勢不像民國九十七年那一波，能大到讓均線形成大多頭排列呢？合理的解釋是，民國一〇〇年十二月展開的漲勢是反映之前二千六百點的跌幅，而民國九十七年十一月展開的漲勢是反映之前近六千點的跌幅，所以前者反彈的幅度相對有限。

因爲市場的列車經常一下子煞不住車，常會超漲或超跌，所以我不會擋在列車前面，我不會因爲大盤跌幅已深就大幅加碼，也不會因爲大盤漲幅已大就大幅減碼，我等市場的列車折返後，才能確定這列車已經轉向。

雖然我有時也會懊惱：爲什麼不在最低價附近多買一些、不在最高價附近多賣一些？但事實上，「買在最低點／賣在最高點」是不太可能的；而且，俗話說「八成是神仙」，能吃到整段利潤的八成很神奇，即使我們在去頭去尾之後，還能抓到指數波段漲幅的六、七成，就已經很厲害了。

第16課 等頭部或底部出現再應變

輸家錯失最佳機會後，無心去抓次佳機會
贏家認為大致的正確勝過追求不到的完美

一般投資人最喜歡問：「會跌（漲）到哪裡？」或「還會跌（漲）多久？」於是就有專家出來替大家排疑解惑，但最低點和最高點總是靜悄悄地來，等我們確認時，它們已經離很遠了。我覺得，如果我們把精力放在不可捉摸的事情上，不但不能專注於自己可掌握的事，還會因錯過了最低價或最高價而亂了方寸。

也有很多人愛把著名的交易格言掛在嘴邊，像什麼「行情總在絕望中誕生，在半信半疑中成長，在憧憬中成熟，在充滿希望中毀滅。」但如果我們無法衡量「絕望」、「半信半疑」、「憧憬」、「充滿希望」，這就與「低買高賣」一樣，只是陳腔濫調。我們所需要知道的只是評估大勢，知道大盤會不會再跌（或再漲），而不必嘗試去抓轉折點；重要的是，等市場反轉並自行決定出底部（或頭部）後，我們要有方法來盡快看出行情已經誕生（或已經毀滅）。

像民國九十七年的大跌，指數從之前的九八五九點跌到三九五五點，共跌了五九〇四點。反彈時，大家都想知道會反彈到哪裡，這樣就可以一舉賣在最高點。然而，以教科書上所說，反彈的幅度可能達跌幅的〇．三八二、二分之一、〇．六一八等不同強弱勢的反彈來推估，滿足點就會分別落在六二一〇、六九〇七、七六〇三點，差距最多達到一三九三點。萬一走勢不只是反彈，而是回升，那差得更多。

預測最高價和最低價，像用竹籃打水

剛出道時，我覺得能賣到波段最高價（或買到波段最低價）很值得炫耀，在股價上漲時，感覺上每一個持續創短期新高的價位都有可能是波段最高價，再加上害怕到手的利潤飛走了，所以，我當時的口頭禪是「往上賣」；結果，我總在起漲階段就幾乎把股票賣光了，等股價漲到高檔，因爲所剩無幾，反而捨不得賣，甚至還去追高。

後來，我體會到做股票不可能完美，一定會少賣一些價錢（或多墊一些成本），如果我們想賣到最高（或買在最低），不是說「拿不到一百分，也可以拿到九十五分」，而會是拿到五十九分，因爲如果我們執著於不可能抓到的最佳機會，也無心去抓次佳的機會。我們應該秉持「有多少資訊，做多少事」的原則，等疑似頭部或底部出現後再應變，這樣雖拿不到一百分，通常也可以拿個八十五分。

我們都知道「要投靠趨勢」，但在趨勢持續的這段時間，因爲我們已經習慣了，等趨勢改變，常轉不過來。行情觸底時，我們還因爲之前的跌勢而嚇得半死，隨著漲勢的持續而愈來愈樂觀，卻在做頭階段過度樂觀，要克服這種心理的慣性，要依靠值得信賴的交易原則。

我最常用來判斷頭部或底部的技術指標包括K線形態、走勢圖上的高低點、趨勢線以及六十日和二四〇日均線。

我最基本的原則是，股價反彈離近期最低價愈遠，愈不容易再破底，底部形成的機會愈高，當然，底部愈確定時，進場的成本愈高；股價拉回離近期最高價愈遠，愈不容易再穿頭，頭部形成的機會愈高，當然，頭部愈確定時，賣的價錢愈低。

在初步的買進（賣出）訊號出現時加（減）碼

當年，我從投資公司總經理那裡學到的第一課是：在跌勢中要等大盤出現長紅才考慮進場，因爲指數比較不容易再破底。除了日K線出現長紅，通常，大盤或個股在低檔區出現的初步買進訊號，還包括日K線出現長下影線或十字線，或日K線連續開低走高收小紅或連續出現下影線。此外，在大跌後日K線出現長黑、長上影線或跳空而下，但隔天卻沒什麼低價，常是多頭反撲力道增強的底部訊號。

雖然底部經常出現這樣的訊號，但這樣的訊號出現時不一定是在底部，因此出現這些訊號時，只能酌量買進。之前指數跌幅愈大，愈可以多買一些，尤其當指數已跌到歷史低檔時。如果隨後指數逐一向上突破短期高點、更長時間的高點，或其他重大壓力區（如近期下降趨勢線或六十日線），中線漲勢逐漸明朗，我們可以再逐步加碼。

同樣的，在高價區出現的初步賣出訊號，包括日K線出現長黑、長上影線或十字線，或日K線連續開高走低收小黑或連續出現上影線。此外，在大漲後日K線出現長紅、長下影線或跳空而上，但隔天卻沒什麼高價，常是空頭反撲力道增強的頭部訊號。出現這些訊號時可以先酌量減碼。之前指數漲幅愈大，愈可以多賣一些，尤其當指數已漲到歷史高檔時；持股愈是飆股，出現這樣的訊號，尤其是跌停，愈該多減一些。如果隨後股價逐一跌破短期低點、更長時間的低點，或其他重大支撐區（如近期上升趨勢線或六十日線），中線跌勢逐漸明朗，我們可以再逐步減碼。

回顧民國九十七年那一波跌勢，在五月二十日馬英九總統就職那一天，大盤以當天和波段最高點的九三〇九點開出，幾乎收最低，在行情已大漲一段時日後，日K線出現二四一點的長黑，短線拉回的機率很高，我們應該減碼（見P.258的圖）。據我所知，很多人因爲用政治判斷做股票，認爲即使慶祝行情已落空，兩岸和解的實質利多正要發酵，而沒有賣股票。

(7314.69,-16.55)開:4436.12 高:4567.76
9500
9000
8500
8000
7500
7000
6500
6000
5500
5000
4500
4000
3800
9/24
6198
9/18
5530
11/5
5095
11/7
10/28
4110
11/21
3955
9/19
1095
10/9
758
10/31
882
900
600
300
20日(826.29,-3.36)
97/12/01
10
11
12

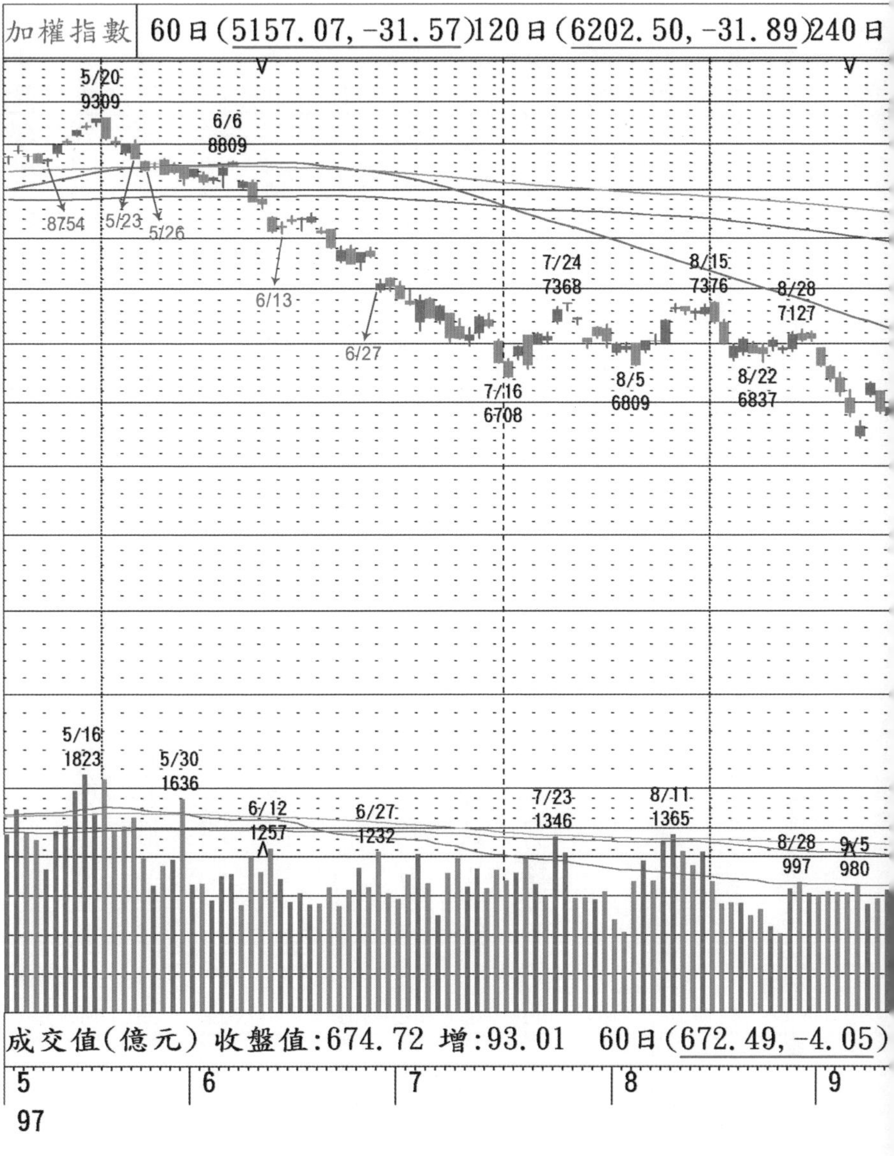
加權指數
60日(5157.07,-31.57)120日(6202.50,-31.89)240日
5/20
9309
6/6
8809
8754
5/23
5/26
6/13
6/27
7/24
7368
8/15
7376
8/28
7127
7/16
6708
8/5
6809
8/22
6837
5/16
1823
5/30
1636
6/12
1257
6/27
1232
7/23
1346
8/11
1365
8/28
997
9/5
980
成交值(億元) 收盤值:674.72 增:93.01 60日(672.49,-4.05)
5
6
7
8
9
97

主要趨勢的跌幅以往都是前波漲幅的八、九成

純粹回歸技術面，如果當時我們沒有賣太多股票也是情有可原，因爲大盤可能只是回檔而已；但隨著跌勢逐漸擴大，等五月二十三日指數跌破五二〇之前最近的兩個低點——七九〇〇點和八七五四點——所連成的修正後上升**趨勢線**，當時約在八八八〇點，我們還可以減碼。

五月二十六日，指數跌破近期低點八七五四點，而且跌破六十日線所在的八七四〇點，多頭更危險了；六月十三日，六十日線的角度進一步轉而呈現下彎的趨勢，行情很可能不只是回檔，而是回跌了。雖然這時指數更低，已來到八一〇五點，但做股票本來就該隨著跌勢逐漸明朗而逐步往下減碼，在此時還可以減碼。

等六月二十七日指數以跳空直接跌破民國九十七年一月七三八四點的近期低點，以九八五九點和九三〇九點爲兩個頭部的M頭形成（見P.340的圖）。這時如果我們還有股票，是另一個賣點。從頭部九八五九點跌到

頸線七三八四點，共跌了二四七五點，依照經驗法則，指數最少要再跌二四七五點的同等跌幅，也就是至少會跌到四九〇九點。

或許我們沒料到指數會跌到三九五五點，但如果和之前的兩次大跌相比，民國七十九年指數自一二六八二點跌至二四八五點，跌掉了八成，民國八十九年到九十年，指數自一〇三九三點跌至三四一一點，跌掉了六成七，民國九十七年的五成六跌幅，並不是最慘的。

換另一個角度來看。民國七十九年指數在漲了一二三六一點後下跌一〇一九七點，民國八十九年在漲了七九〇八點後下跌六九八二點，這兩波跌幅占前一波漲幅的比率分別爲八三％和八八％。而民國九十七年在漲了六四四八點後下跌五九〇四點，這個比率爲九一％，雖然比之前的還高，但不會差太多。

因爲大盤在急跌後，反彈時通常不會一次就站上六十日線，因此，自民國九十七年五月二十日大盤反轉以來，在日K線出現長紅時，如果想搶短買進，我們首要評估的是，當時指數的位置離六十日線的反壓之間的距離要夠大，這表示指數仍具反彈空間，但最遲應在股價再創新低時認賠。

沒買在最低點附近又何妨

當大盤於民國九十七年十月下旬跌破五千點後，我觀察的重點是，月線連接民國七十九年的二四八五點和民國九十年的三四一一點的長期上升趨勢線會不會失守？當時該支撐約在四二五〇點附近（見P.340的圖）。雖然這條趨勢線的時間架構相當長，支撐理應很強勁，但我不預設立場，不會一看到指數跌到四二五〇點附近就進場，而是至少要看到指數守穩這條線而且出現買進訊號時再進場，比如說日K線拉出長紅。

結果，大盤延續一路創新低的慣性，直到同年十月二十八日，指數跌破了這一條長期趨勢線，最低來到四一一〇點，但立即重新站上該線，收四三九九點，拉出一根長紅，這是搶短買點。隨後大盤拉出一波反彈，反彈了九八六點，比之前的反彈行情最多只上漲六六八點，還多出許多，多頭的力道正在增強，這令習慣做多的我深受鼓舞。

十一月七日，大盤開低收平高，拉出長紅，收四七四二點，我本以爲大盤將形成N形底而加碼，不料大盤此後一路探底，甚至在十一月二十日收盤跌破前波低點四一一〇點，我在指數破底時先認賠殺出一些部位。記得在五二〇〇做頭前，很多人看好台股將挑戰一二六八二的歷史高點；但等到六個月後跌破四一一〇點的這一天，很多人又認爲指數將下探二四八五點，預測的落差超過一萬點。

二十一日，指數開低走高，我在盤中指數站回四一一〇點時先回補了一些股票，等臨收盤前確定大盤將重新站上四一一〇點並拉出長紅，又追高回補了一些。雖然事後證明，二十一日的三九五五點是波段最低點，但虛驚一場的我，在指數破底的這兩天裡並沒有加碼。

附買回公債的利率是資金面的領先指標

此後，支持我逐漸翻多的原因，除了大盤跌到自二四八五點以來的長期上升趨勢線後就跌不太下去了，還有資金面的因素。我很少用資金面的事來輔助判斷，但在民國九十八年初的大盤打底期間，資金面戲劇性的變化，令我不注意也難。

和很多投資人一樣，通常我把暫時用不著的資金拿去買附買回公債，等到買了股票後再解約。在民國九十七年十二月十二日之前，附買回公債的年利率還有一．〇三％～一．〇八％，不料十二月十二日央行進一步降息，附買回公債的牌告利率在一夕之間竟跌到〇．三％～〇．六％，隨後更快速下探到〇．〇五％。

在股市準備放長假的農曆年前，我本想把用不著的資金拿去買附買回公債，多少賺點利息，但利率還在〇．一%的低檔徘徊，有買等於沒買。我念頭一轉，很多股票族可能和我一樣，正苦於資金沒有出路。雖然我知道，游資氾濫不代表馬上有大行情，因爲大家都在等更低價，但在指數急跌了近六千點、已處於歷史低檔區的情況下，一旦投資人的情緒被點燃，將掀起一波大行情。

不是贏在起漲點，而是贏在漲勢形成時

三月四日，投資人的情緒被點燃。當天指數以中紅站上六十日線，收四五四一點，而且六十日線正式止跌翻揚，宣告中線有一波漲勢（見P.266的圖）。隔天，**三月五日**，指數一開盤就突破短期高點四六〇七點，並突破連接民國九十七年五月二十日的九三〇九點和同年八月十五日的七三七六點的**下降趨勢線**，也是加碼的買點。等三月十三日指數一舉突破近期高點**四八一七**點以及一二〇日線，也是加碼點。

六十日線和圖形上的高低點是我的技術分析的兩大主軸。指數在大跌後，不管是先站上六十日線，或近期盤整區的高點（如本圖中的四八一七

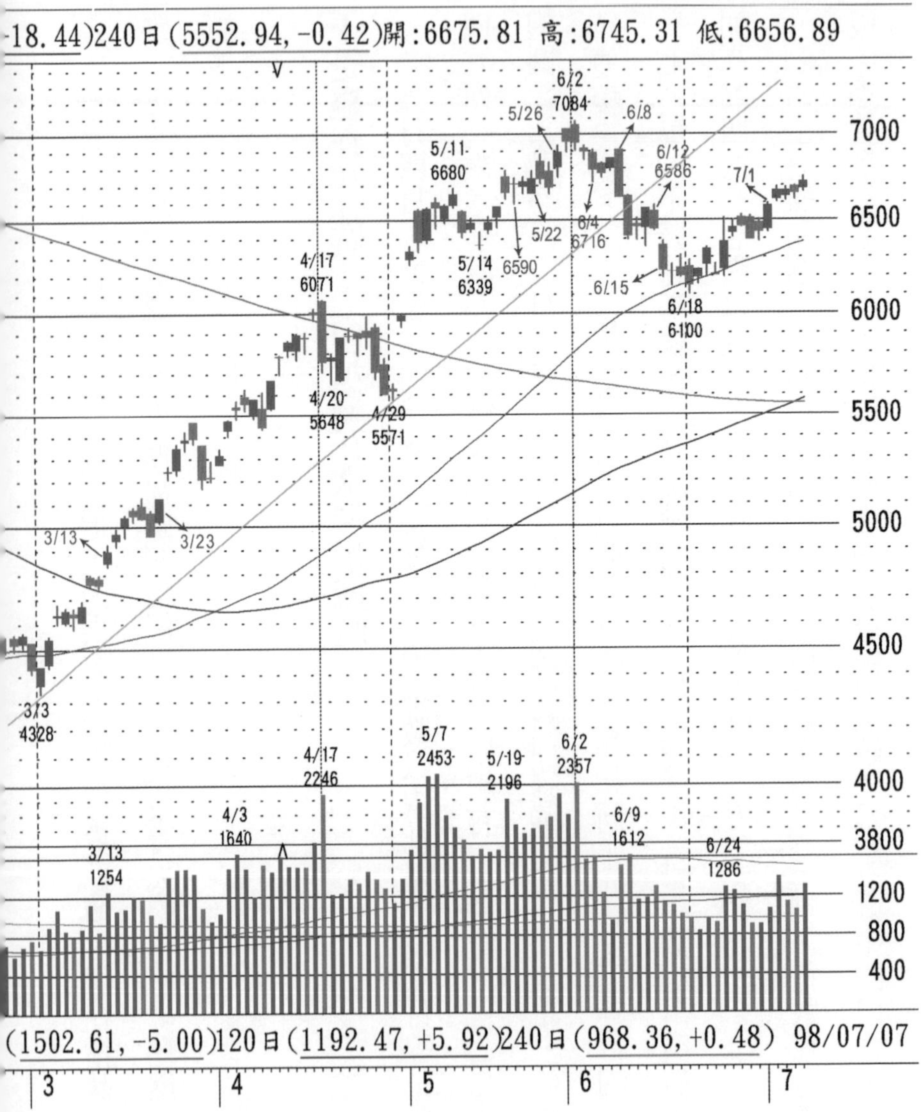
-18.44)240日(5552.94,-0.42)開:6675.81 高:6745.31 低:6656.89
6/2
7084
5/26
6/8
7000
5/11
6680
6/12
6586
7/1
6500
5/22
6/4
6716
6590
4/17
6071
5/14
6339
6/15
6/18
6100
6000
4/20
5648
4/29
5571
5500
5000
3/13
3/23
4500
3/3
4328
5/7
2453
6/2
2357
4/17
2246
5/19
2196
4000
4/3
1640
6/9
1612
3800
3/13
1254
6/24
1286
1200
800
400
(1502.61,-5.00)120日(1192.47,+5.92)240日(968.36,+0.48) 98/07/07
3
4
5
6
7

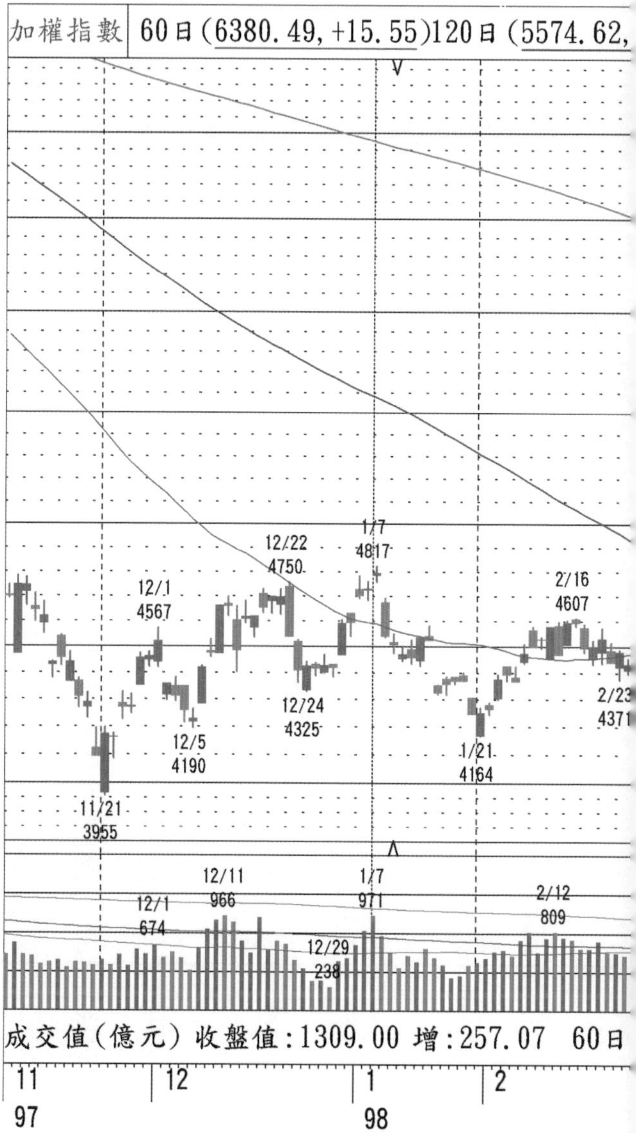
加權指數
60日(6380.49,+15.55)120日(5574.62,
12/22
4750
1/7
4817
12/1
4567
2/16
4607
12/24
4325
2/23
4371
12/5
4190
1/21
4164
11/21
3955
12/11
966
1/7
971
12/1
674
2/12
809
12/29
238
成交值(億元) 收盤值:1309.00 增:257.07 60日
11
12
1
2
97
98

點），我都會先加碼，如果指數繼而站上這兩者之外的另一個反壓點，我會再加碼，尤其當加碼的成本不會墊高太多時。

甚至等三月二十三日指數以長紅站上民國九十七年十一月五日的更長期高點**五〇九五**點，對於股票還沒有買滿的人，還可以買，因爲對照於之前指數從民國九十七年九月二十四日的六一九八點，幾近直線的下跌，如今站上五〇九五點後，短期內線形上檔沒有大反壓，指數很可能急漲到六一九八點，或漲到當時位於六二三八點、正以每天十五點的降幅下降的二四〇日線。

果然，大盤在突破五〇九五點後持續強勢，在創下短期新高後拉回幾天，很快再創新高，而且拉回時不破之前拉回的短底，這是這一波漲勢的一大慣性。另一個慣性是指數拉回不破六十日線。

直到**四月十七日**，指數最高來到六〇七一點，在站上二四〇日線的五九七二點後又跌落，收五七五五點，拉出一根長黑，這時可以減碼。指數隨後下探至四月二十九日的五五七一點。

在漲勢慣性不再時先減碼

四月三十日，指數一開盤就大漲三四九點，跳空站上二四〇日線，收在五九九二點，漲幅高達六．七四％，非常強勢，這是一個好買點，因爲雖然當日很多權值股受最高漲幅七％的限制，所以指數並未穿越近期新高六〇七一點，但再創新高一蹴可幾。順便一提的是，我在四月三十日的加碼點比四月十七日的減碼點墊高了成本，但這時候我才確定指數還要上攻，這是我付出的保險費。

五月二十二日，報紙上用顯著的篇幅，不約而同刊載諾貝爾經濟學獎得主克魯曼和某跨國金融機構的說法，「全球經濟最壞時刻已過」，這時指數已來到六七三七點，比之前三月四日技術面的買點，足足多了二一九六點。

五月二十六日，媒體在頭版報導，「M1B、M2黃金交叉，台股資金大潮來了。」如果我們等到這時知道定期存款大幅流向活期，才興匆匆進場，當時指數已來到六六八三點。

此後大盤一路上漲，在六月二日創波段新高七〇八四點。指數隨後在六月四日跌到六七一六點後反彈，然而，反彈時很快再創新高的慣性不再了。六月八日，指數更以長黑摜破六七一六點，這是減碼點。六月九日，指數跌破六五九〇點的短底，更跌破這一波自民國九十八年三月三日的四三二八點連接同年四月二十九日的五五七一點，所形成的**上升趨勢線**。

好用的技術指標只有幾個

隨後反彈時，指數在六月十二日最高來到六五八六點，站不上原先的低點六五九〇點，原本在六五九〇點的支撐已變成了反壓。之後，指數於六月十五日跌破近期六三三九點的低點，我們可以持續減碼，但已不必減太多，因爲下檔即將面臨六十日線六一〇五點的支撐。六月十八日指數來到六一〇〇點的低點，守住了四月十七日的高點六〇七一點，卻稍微跌破了六十日線，如果我們在這天減碼，隔天指數以中紅站上六十日線時要再買回來。隨後，指數在六一〇〇～六五八六點的股票箱波動。七月一日和二日，指數接連以長紅和中紅站上股票箱的上限六五八六點和之前低點六五九〇點的反壓，大盤轉強，是加碼點，但要突破七〇八四點的波段高點，才有較大的行情。

股票投機成功的祕訣是在正確的時機大手筆買進或賣出。最低價（或最高價）不是買進（或賣出）的正確時機，因爲這時候我們根本還不知道指數或股價接下來會漲還是會跌；等漲勢（或跌勢）形成才是進場（或出場）的正確時機，因爲這時候我們才知道後市還會漲（或還會跌）。就像李佛摩所說的，「放棄嘗試抓住最高一檔或最低一檔，這兩檔是世界上最昂貴的東西」，我們常爲了賣在最高價（或買在最低價）而賣太早（或買太早），更糟糕的是，我們因爲惦記著錯過的最高價（或最低價），而在跌勢（或漲勢）確立時，賣（或買）不下手。過去的已經過去，我們要往前看。

第17課 在對的時間，選對的股票

輸家追求長線，想要一勞永逸，卻對基本面的展望不了解

贏家追求特定的鈔票，鎖定期間比較短、但勝算大很多的利潤

基本分析偏重於從股票的內在價值來研究股價有沒有漲跌空間，關心的是現行的股價被高估或被低估的幅度。但問題是投資人如果認爲股價嚴重低估就進場，就會在股價盤整時浪費了機會成本，或在股價進一步下跌時遭受損失。相對於基本分析重視空間，技術分析則重視時間。技術分析

偏重於從股價短中期趨勢來研究進出場時機，關心的不是股價偏高或偏低，而是股價會不會更高或會不會更低；技術派人士雖然不可能知道上漲幅度（或下跌幅度）有多少，但只須知道漲勢（或跌勢）已形成，就足以促使他們積極買進（或積極出脫），他們想更有效率的抓到差價。

我認同數學大師貝諾・曼德伯在《股價、棉花與尼羅河密碼》一書中所說，「在金融市場，所謂『價值』，並沒有多大的價值……，金融市場的主要動力，不是來自價值或價格，而是價差，不是平均，而是套利。」我把他的話引伸為：賣鑽石的人並不比賣碎石的人高貴，從事價值投資的人也不比從事股票投機的人高尚，重點在於誰賺得多。

著迷於虛幻的長期，不如專注於有把握的短期

雖然股價漲多必跌，跌多必漲，從長期來看，感覺上股價會回歸平均值，市場上不存在超額利潤，「長期持有」是最好的策略。但從短期來

看，由於投資人情緒的激盪和想像力的渲染，在其中某些時段會把股價推向混亂的極端，何不利用市場這短暫的脫序來套利呢？

在探討「長期」的問題時，也涉及了「平均」的問題。爲了降低不確定性的焦慮，我們期盼有個明確的平均值可以依循，以便知道股價是否偏高或偏低。對運用價值來投資的人而言，這個平均值可能是根據股票內在的價值和成長性而推估出的合理價格，他們傾向買在股價嚴重低估時，賣在股價嚴重高估時；對投機客而言，這個平均值可能是一段時間內的平均價。

雖然股價總會回歸平均值，但因爲我們不知股價漲多少或跌多少後才會回歸，也不知回歸的幅度有多大，所以如果我們在漲勢（或跌勢）剛形成時，一味地等待股價回歸均值再進場（或再出場），就會錯失很多機會。

向上突破時買進，不必等拉回時買進

像我這樣的短中線投機客，雖然也用歷史價格來做股票，比如說，我在指數回到歷史低檔或長期上升趨勢線時會部署一些基本持股，但不會苦等這難得出現的時機。在指數跌深後，我也不會只因爲看到六十日線的負乖離率已達到歷年來的偏低水準，就預期指數會向均值靠攏而反彈，而大舉進場；我至少必須看到指數強力反彈，比如說，拉出長紅或長下影線時才進場。我重視更具時效性的短中線趨勢。我眞正大買的時機，是要等指數跌深後，向上突破六十日線，而且最好是六十日線的角度已經快止跌翻揚。

我覺得，做股票最錯誤的觀念之一是：在漲勢形成後，等指數或股價拉回守住六十日線後再買。這個觀念就像「指數或股價向上突破箱形上限時，等它拉回站穩箱形上限再買」，讓原本猶豫不決的人更猶豫，但眞正強勢的市場或個股不太會回頭，尤其當突破六十日線或箱形上限的氣勢很強勁時，這樣就買不到了。

就算指數或股價拉回測試季線，我也不會在拉回過程中買進，而是等它拉回守住六十日線後，再一次形成強勁的向上動力時買進，比如說，拉出長紅或再創近期盤整的新高時。但萬一拉回跌破六十日線，我會考慮減碼。

贏家重視股價的極端

順便一提，有時候，我們取歷史數據中的平均值來預測股價，如果數據的變異程度太大，是不可靠的。比如說，我們想根據民國八十九年以後指數每次跌破二四〇日線後又跌了多少幅度的平均值，來預測這次跌破二四〇日線後的止跌點，但這些年來指數跌破二四〇日線後，有時只再跌一點點，但在民國九十七年卻又續跌了五四％，因爲其中的變異太大，所以不能取平均值來做預估。

在股市這個極端的世界，我們在某一小段時間內的獲利（或損失），有可能超越之前好幾年的總獲利（或總損失）。所以，真正關鍵的是超漲時的大贏或超跌時的大輸，不是大盤的平均年報酬率。

就像我們在夏天到吐魯番旅行，如果只知道該地的平均氣溫很宜人，沒帶禦寒衣物，到了目的地一定會傻眼，因爲那裡晝夜的溫差相當大，那裡的人「朝穿皮襖午穿紗，懷抱火爐吃西瓜」。因此，我們不能只關注某日的平均溫度，還需要關注最高溫和最低溫，以及它們出現的時間和地點。

做什麼事情都要講時機

同理，在股市，我們也不能只關注代表權值股股價加權平均的指數，或太強調過去一段時間指數的平均值或年漲幅，而忽略了時間和個股這兩個更細部的變數。

就「時間」的層面而言，光看短期間指數的平均值或漲跌幅，就會令人遺漏掉很多重要訊息，如果把時間拉長，令人遺漏掉的訊息更多。

例如台股繼民國七十九年後，於八十九年再度站上萬點，指數看似差不多，這是根據長期和平均的觀點；但在這十年間，很多投資人的境遇像在天堂和地獄之間來回了不知多少回，能大致抓對指數重大轉折的人，身價已不可同日而語。

做股票時要密切觀察盤勢的最主要理由是，愈是重要的買賣點，機會愈可能稍縱即逝。股價走勢不是連續的，價格可能突然一下子跳好幾檔，今天的收盤價不一定是明天的開盤價；而且，大漲或大跌常濃縮在一小段時間內發生，尤其在跌勢時更是如此。投資人進出場的時機，差一點點就差很多，有時在第一時間沒注意到或沒做出反應，步伐就跟不上了。所以，我們不只要密切觀察盤勢，在關鍵時刻，除了看日線圖，還要看五分鐘走勢圖，這樣反應會更靈敏。

掌握個股輪動

再把「個股」的因素考慮進來。個股的波動可能遠比大盤的波動激烈，如果我們又大致抓對個股的脈動，身價更有可能翻好幾番。當然，如果選錯股，也有可能指數跌不到一成，持有的股票卻腰斬。

在早年指數大漲政府就會打壓的年代，主力最愛炒作不占指數的小型股。後來，法人取而代之，成了另一種形式的主力，他們爲了拚績效，一定會找一些小型股來認養，而且股價愈漲愈要搶。有一次在大盤處於漲勢時，我有一位營業員朋友打電話給我，說在她那裡下單的法人，正在追高已漲了第四支長紅的小型股，她很困惑要不要跟進。

因此，把股票分類的觀念很重要。把成長股和價值股、小型股和大型股、低價股和高價股、外銷股和內需股……做分類；或根據不同的產業做分類，甚至在類股中區分出次類股，分別觀察其走勢，並觀察類股或次類股的成交量占大盤成交量的比率，比起只觀察指數走勢及總成交量，更能貼近市況。

在《新金融怪傑》一書中提到的吉爾・布雷克，就發現科技、石油、公用事業類股的指數，比起大盤遠不具隨機性，當這些類股的價格波動幅度大於該類股每天平均的波動，那麼隔天價格往相同方向走的機率介於七〇%到八二%之間。這樣的論點，類似於在當天選擇波動幅度較大的科技等強勢類股介入。

新上市股容易被炒作

我們更要把新上市股單獨分類。以前，投資人喜歡操作準除權息股，因爲這可以從上千檔的個股中，縮小選股目標；現在，愈來愈多人會注意小型股，除了上述的理由外，還因爲新上市股籌碼還沒散出，易於拉抬。就股票箱理論「創歷史新高的股票，因爲上檔無套牢壓力，較易飆漲」的說法，新上市股的套牢籌碼即使有也不多，較容易創歷史新高，所以常成爲炒作的首選，如果公司派財力雄厚，更可能有炒作行情。

而且，新上市股不能融資，敢介入的大多是有備而來的實力派人士，其中最有可能的就是公司派。一家公司剛上市時，大股東多年的努力端上檯面，尤其對初嘗上市滋味的企業主而言，更是意氣風發，十分在意自家公司股價的表現，準備享受別人對他們的道賀。

他們在自家股票公開承銷之前，通常會撥出公關股來拉攏新聞業者，甚至是基金經理人和分析師，以便掛牌的報導能愈大量、愈正面，而且能博得好版面。等股價拉高、交易活絡之後，吸引了市場的目光，又會有另一批財經記者、基金經理人和分析師登門來尋求解釋並加以渲染，這時公司派才好出貨，至少可以拿股票去向銀行質借更多的錢，面子和裡子都賺到了。

我有一位股票做得很好的朋友，很喜歡在大盤由空翻多時，鎖定尚未大漲或之前跟著大盤下跌的新上市股和準上市股，他在民國八十九年靠著威盛上市後暴漲成爲新股王的那一役起家。他最經典的一役是在民國九十八年一、二月，在大盤大跌後橫盤期間，在未上市市場以兩百元以下的價位大買洋華；等洋華於同年三月二十五日上市後，大盤已正式翻多，他持續從二〇〇元左右追價到二五〇元。同年五月下旬，當媒體喧騰洋華和宏達電、晶華的股王之爭時，他在五百元上下，全數出脫洋華。

高價股更不能在賠錢後就長期投資

順便一提，威盛的天價是六二九元，洋華的天價是五一八元，如今（民國一〇一年七月十三日）威盛股價只剩十・二元，洋華只剩六十七・五元。目前的價位即使還原權息值，根據精誠公司提供的資訊，威盛的天價是一九四・九元，洋華的天價是四五三・六元，還是差很多。

此外，新上市股尚未長時間經過市場檢驗，營運數據灌水的可能性較大，因此，如果新上市股是形象正派的上市公司的子公司，再好不過，例如台積電的子公司創意剛上市時，就出現了超乎想像的蜜月行情。

我另一位朋友曾很喜歡收集一千元的股票，他認爲這是市場上基本面最好的公司。他曾在接近一千元時買過禾伸堂和伍豐，受到重創；後來，宏達電漲到接近一千元時，他不敢碰了。他說高價股，尤其是高價股中的科技股，因爲產業變化太快，更不能在賠錢後就長期投資，因爲更難靠配股配息而解套。

值得注意的是，如果股票太冷門，流動性風險也提高了。通常除非是找到了更會漲的標的，我很少在股票漲升途中往上賣很多，我等大盤或個股做頭後才大賣。但如果握有相當數量的冷門股，我會趁著成交量熱絡而價格看來已漲得差不多時就賣，以免等到股票做頭後，萬一成交量萎縮賣不掉。

股市高手和籃球高手都是善於把握時機並見機行事的大師。我的「短中線操作」中的短線，不是刻意想搶短線的差價，而是當價格滿意、局面生變或是當我找到可能更會漲的股票，只好把原來買進不久的持股賣掉；我的中線不是硬性規定自己不能做太長，而是因爲無法預料波段漲勢會不會眞的形成、能持續多久，只好把較長期的時間架構切割成一段一段來看，隨時做修正。如果持股漲了一段時間後，短中線線形依舊看好而且相對強勢，我還是會續抱，我學習適應股價漲向極端；而萬一情況不對，我分批減碼，以避開股價跌落極端。

第18課 漲時重勢

贏家讓市場告訴他，誰是強勢股
輸家讓別人告訴他，誰是強勢股

曾經，我選股不選市，以為即使大勢不好也有個股異軍突起，後來才發現，我太自不量力了，因為這時候逆勢的股票很少，即使有的個股線形看似要築底，卻常因大盤跌勢擴大而跟著破底。股市是「時勢造英雄」而不是「英雄造時勢」的世界。當大盤漲勢明確，即使有的個股線形看似要做頭，卻因為大盤漲勢擴大而跟著穿頭，這時候，我依照「漲時重勢」的原則，積極加碼強勢股，在開盤的四個半小時內，不會因為股價在漲就閒著，而是不停地盯盤並動腦，伺機轉進到更有爆發力的股票。

我依據大盤技術線形來研判市場偏多或偏空的程度，以決定持股比率。在股市最大的自由就是，當我們對後市很有把握時，可以大進或大出；當我們對後市沒什麼把握時，可以小量進出或藉由多空對作來維持手感，甚至可以保持觀望。做股票不像其他競技，即使參賽者的狀況不好或搞不清楚情況，都要按照既定的賽程出賽。

買到底部，可遇不可求

雖然跌勢再慘烈，終有結束的一天，但要看出熊市或牛市最後階段的情緒轉折，同樣很困難。當空頭如入無人之境，一一摜破下檔支撐，悲觀情緒蔓延開來，在市場出現第一支地雷股後，大家都在臆測下一個未爆彈會是誰，空頭的耳語鋪天蓋地襲來，被點到名的個股持有者，有的惟恐股票變成壁紙，不分青紅皂白，寧可先賣再說；甚至，當有些沒被點到名的個股莫名其妙跌停時，持股者直接聯想到的就是，「莫非公司出了問題？」因而加入追殺的行列。市場演出多殺多，一大堆股票掛在跌停還出不掉，市場陷入不容易變現的風險中。

就在投資人的情緒由恐慌轉爲絕望，融資餘額被大量逼出的同時，也有極少數技術能力和心理素質超優的投資人，正準備進場。

民國九十七年九月十六日的下午，我急著拿南山人壽的保單去辦理質押借款，我的一位老友也來了，不同的是，我是惟恐南山人壽受到母公司ＡＩＧ的波及，想把錢暫時借出來；但他卻是準備把借出來的錢投入股市。他說，連ＡＩＧ這麼大的保險公司都不保險，低檔已經很有限了，只是還需要一些時間來打底。不久後他開始分批進場，抓到了台股隔年的大漲。雖然我的操作風格和他不同，我等大盤打底後才會積極介入，但我非常欽佩他的膽識和對市場的直覺。

搶反彈要速戰速決

大盤跌深時，如果要搶反彈，我通常等大盤日K線可能出現第一根長紅或長下影線時，從盤中走勢最強的股票中，過濾它們的線形。通常這會是之前跌得最深的股票或當時出現利多的股票，但我讓盤勢告訴我。如果當天走勢最強的個股中包括跌最深而剛起漲的以及之前已有一段漲幅的，我傾向買前者，尤其當後者已反彈接近六十日線或其他重大反壓，我更不會買，我寧可等後者突破該反壓後的第一時間再考慮切入。雖然等技術面確認後，多花了一點成本，但這是保險費。

即使這些強勢股不久前公布的基本面不太好，我還是照買不誤，因爲這之前已經反映在股價上了。有時，我等到指數盤底而離最低點的距離更大了之後會再加碼，雖然成本墊高，但這時指數比較不容易又破底。萬一這些股票跌破近期底部，我會考慮認賠殺出。

我玩股票玩了很多年，看多了大風大浪，但歷經空頭的震撼教育，有時難免嚇破膽。搶反彈時的心情，就像在壓路機前撿銅板，我不敢搶太多，而且力求速戰速決，以免自己當不成搶反彈的先鋒，卻成了先烈。

搶反彈只是「前菜」，等大盤確認翻多，「主菜」才眞正上桌。當大盤逐漸翻多，例如，當指數站上六十日均線，我搶短的股票有時已經賣掉了，還好，大盤剛反彈時的強勢股，往往不是趨勢翻多後的主流股，我迅速轉進主流股，逐步增加持股比重。

每次在空頭市場，一想到我在之前的多頭市場時玩那麼大，不禁捏了一把冷汗。但等到漲勢再起，我又買到沒錢買，而融資也用到最大限度。雖然進場的成本和持股比率逐漸提高，但因爲愈賺愈多，而且大盤支撐愈墊愈高，所以我的膽子愈來愈大。

在漲勢中，買上升角度較陡的強勢股

但有時我也會在一天當中急遽拉高持股部位，最常見的情況是，我在盤中追進漲停的股票，原本打算稍後賣掉相對弱勢股，卻驚喜地發現想要出脫的對象也漲停惜售，讓我吃下定心丸，決定不賣了。

在漲勢剛形成時，有時，大盤周線突然暴漲七％，總有專家在媒體上示警，「市場短線過熱，隨時會拉回。」但通常這離眞正的反轉點還有一段漲幅，我們不必預設立場，也不必管專家怎麼說。

我奉行「漲時重勢」的原則，在大盤趨勢向上時，加碼強勢股。「大盤趨勢向上」包括兩種情形，一種是大盤處於明確的漲勢，一種是大盤處於漲勢中的區間整理。尤其在大盤處於明確的漲勢時，我更是奉行「賭博賭大桌」，哪支股票人氣「強強滾」就往哪裡擠。

強勢股包括當天盤勢中的強勢股和線形上的強勢股，我認爲線形上的強勢股更重要。線形上的強勢股包括：漲幅較大的股票、領先向上突破同期高點或同期反壓（如六十日線）的股票，或大盤拉回時跌幅較小，甚至逆勢上漲的股票。

我還以上升趨勢線的角度來辨識強勢股，趨勢線的角度反映了市場主導群的情緒強烈程度。在「漲時加碼強勢」的模式下，資金向強勢股靠攏，於是強勢股挾著量能以較陡的角度昂首向上，弱勢股則在大盤的掩護下以低角度匍匐前進。我有時會買進上升趨勢線的角度由平緩轉陡的轉強股，在該股跌破修正後較陡峭的新趨勢線時會考慮減碼。

從漲跌幅排行榜和次類股線形中選股

我早期的選股模式是逐一看每支股票的線形，鎖定值得注意的個股，並從不斷湧出的新消息中，挑選具題材性而且線形好的個股。每天在盤中會有個股突然轉強，我從漲跌幅排行榜中尋找這些強勢股，除非這些個股基本面存在嚴重問題，否則我會進一步以技術面作爲是否買進的依據。

在上市櫃公司家數激增之後，我一天看不完全部股票，會分幾天完成。在漲勢中我尤其會把即將創歷史新高的股票記錄下來，並隨時追蹤。

我還在盤中和盤後針對線形較好的次類股，從其中成員的走勢圖中挑選個股。我喜歡從正要領先創近期新高的次類股中，尋找其成員中的最強勢股票。當整個次類股出現利多，而該次類股的線形看好，我會在看盤時把整個次類股成員的報價一起叫出來，以便能盡快擇強介入。

例如，除了看整體電子類股的線形，我還看電子類股中的半導體、ＩＣ設計、手機等全部次類股的線形。即使某個類股線形不佳，但類股中的次類股卻可能脫穎而出，不能一概而論。例如，民國九十六年八月，大盤由九八〇七點急跌到七九八七點後，整體電子類股沒什麼反彈，卻有宏達電領軍的手機類股和友達領軍的面板類股領先創年度新高。

一般人操作上最大的缺失，就是不但沒有在大盤上漲時加碼強勢股，反而往上減碼強勢股，這是因爲從起漲點來看，股價漲多而變貴了，就算漲勢再明朗，有的人還是以爲這只是空頭市場的反彈。

在漲勢中，要做到「不減碼強勢股，反而加碼強勢股」，要有以下兩點認知。

第一、趨勢凌駕於基本面：當大盤處於明確的漲勢，樂觀的氣氛讓人的想法更接近投機者，甚至是賭徒，而不是投資者。只要炒作的題材夠吸引人、股價會立刻再漲，投機者才不管股價已經漲了多少、本益比有多高。即使這時候買進的人，也認爲泡沫遲早會破滅，但他們堅信還有「更傻的傻瓜」會來把股價推得更高。

一旦某支個股的線形翻多，如果我們還執著於該股的本益比已超過幾倍，或遷就於大家都已經知道的其他基本面利空數據，就算我們不敢買，但因爲多頭市場的惜售氣氛很濃，只要有人拉抬，股價照樣大漲。

我有一位朋友是某家生技股的原始股東，該股上市後很長一段時間，股價在票面上下浮沉又很冷門，就懶得理它。有一天，他突然注意到該股急漲到二十元，問這家公司董事長怎麼回事，董事長說他也不知道，於是，我的朋友賣得一張不剩，賺了一倍，但並沒有高興太久，因爲股價接著很快來到三十元；他氣急敗壞地又去找那位董事長，聽說該公司的員工都在三十元以下把股票賣光了，他稍感安慰；等到這支股票急漲到逼近六十元，他才聽說，該股的飆漲是因爲公司派聯合某投顧介入炒作。

雖然有時個股題材的故事比營運的數字重要，但爲了避免自己接到最後一棒，我們在被一個故事觸動時，別忘了靠技術分析來做最後的把關，以免像一則網路笑話所說的：**當我們沒進入股市的時候，傻子都在賺錢；當我們與匆匆闖進去之後，才發現自己是傻子。**

第二、不要因股價漲幅已大而買不下手，甚至賣出。這時，我會告訴自己，在大盤打底階段，我對行情半信半疑，要不是這些股票接下來的漲幅擴大，我怎能確認它們的漲勢已經形成了呢？

我有一次到農場拔蘿蔔，我從蘿蔔露出地面的面積來判斷它長得多大，想當然耳地挑大的拔。農場主人告訴我，目前蘿蔔還在生長期，要先拔不太會長大的，像是與別的蘿蔔擠在一起而營養不良的，而不是先拔目前長最大的，目前長最大的要留著讓它長更大；等過一陣子，蘿蔔的生長期接近尾聲，就要先拔已經有開花跡象的，或全部都拔掉，如果不拔，它們會壞掉。

做股票就像拔蘿蔔。當市場處於漲勢中，如同蘿蔔還在生長期，這時要先賣漲不太上去的弱勢股，而不是先賣漲最多的強勢股，強勢股如果還會漲，我們甚至應該買進，等股價或指數有做頭跡象時再賣。

一般人的迷思是，在比較個股的走勢後，跑去買比較沒漲的，這樣才安心。比如說，A股創下波段高點時，同類股中的B股價位和它差不多，兩者同樣拉回後，如今A股已再創之前的新高，B股卻離當時的價位還差二、三成，所以去買B股。但A股強B股弱，一定有它的道理，買漲幅落後股，通常占不到便宜。

有時我會有這樣的感觸：在漲勢形成後，每次的拉回表面上是讓我們少賺，實際上是要讓我們調整持股而多賺，除非拉回的幅度過深，才可能導致多空易勢。我們在漲多拉回時，要隨時注意拉回幅度較小的個股，等大盤看似又將上攻時，伺機轉進到這些最可能領先創新高的股票。

每次在多頭行情中，總有人問我，「有什麼穩健的股票可以買來擺個一年？」我認爲在漲勢中，假如我們無法多承擔一些壓力去切入一馬當先的股票，以賺取超額利潤，而只想買穩健的股票，實在太可惜了。雖然每家掛牌公司除非要倒閉了，總會輪到它上漲，但我們的時間和資金有限，因此應該多觀察不同個股，等它轉強時再介入，而不是抱著牛皮股等著風水輪流轉。

在看多加碼的過程中，如果我們的持股在先前的空頭市場幾乎未隨著大盤下跌或跌幅相對有限，我們常認爲「抗跌就能抗漲」，因而不敢買進。事實上這些抗跌的股票必有過人之處，一旦大盤轉強，它們很容易率先穿頭，引來追漲買盤。

漲勢時不要害怕賺太多

我慢慢知道，由於以下幾個原因，漲時經常漲過頭。一、已進場的人都賺到錢而大舉擴張信用。二、原來觀望的人看到別人賺錢也忍不住跟著進場。三、新發行的基金魚貫進場。四、媒體把大漲合理化。五、空頭的回補助長了多頭的氣焰。

所以，這時候我會牢記台灣諺語所說的「敢的人拿去吃」，戴著鋼盔往前衝，不會設定賺多少就鬆手；並牢記「未離開賭桌不算贏」的道理，不刻意逐日去計算賺了多少錢，以免患得患失。

在NBA二〇一二年總冠軍決賽的前夕，東區冠軍熱火隊的「皇帝」詹姆斯接受媒體訪問。他在二〇一〇年夏天爲了奪冠而跳槽到熱火隊，和另兩位球星組成三巨頭，激起公憤，很多人都等著看他笑話；二〇一一年總冠軍賽熱火隊在被看好下先盛後衰，媒體嘲諷他近「冠」情怯，在關鍵時刻顯得軟弱和退縮。被問到怎麼看自己過去兩年的人生，詹姆斯說：

「就像在遊樂場玩雲霄飛車和鬼屋，起起伏伏，忽明忽暗。」他說很感謝去年輸掉總決賽，這逼迫自己更看重基本功，也讓他的抗壓性更強了；他也很慶幸在短短一年後又有機會能捲土重來，但他並沒有陷在「離總冠軍只差四場勝利」的患得患失的情緒中，這一次他只求全力以赴，不會太在意比賽的勝負。

「起起伏伏，忽明忽暗」，也正是股票族的寫照。當大多頭行情好不容易來臨，投資人光明在望，但擋在自己和光明之間的，往往是自我心理上的陰影。因為太在乎輸贏，他們在即將勝利時變得膽怯和遲疑，持股賺一點點就跑，不敢追強勢股……，還有，不敢擴張信用，甚至硬性規定自己不能玩超過多大的金額。

第19課 贏家把自己做大

輸家做股票的目標是想多賺點錢來支付開銷，因為怕輸，所以不敢贏

贏家做股票的目標是想擁有真正的財富自由，玩大玩小，視線形而定

相較於其他行業，做股票最迷人的地方是規模可以放大。找到贏錢的模式後，我們幾乎用同樣的工作量，如果能隨著方法的精進和獲利的增加，漸進地把原本每次進出的張數增為十倍、一百倍，賺的錢就會增加幾個零。而在實務上，股市裡有的是融資管道，也不乏容易進出的股票，問

題是：在壓力倍增之後，我們能不能維持同樣的決策品質？

我剛進入股市不久，就碰到多頭市場。每當看好後市，我鼓起勇氣下了大注，只要股價漲一點點，我緊張兮兮的減碼，如果股價跌一點點，我更是嚇得縮減規模，退回原先令自己舒服的部位。通常，賣掉股票不久，股價就像是刻意跟我開玩笑似地急漲，我爲了安全感付出代價。

民國七十七年中秋節，台股爆發九二四證所稅事件，十九個交易日跌掉三一七四點，跌幅三七％。當時幾乎所有的個股就像剛剛被打入全額交割，連續無量下跌，等股價終於反彈，號子裡歡聲雷動，我卻看到一位投資人暈倒了，聽說他的股票被丙種斷頭，全被砍在低檔。

幾年後，我在飯局中碰到這個人。聊起往事，他說，九二四那一役，他用丙種墊款大幅擴張信用，不到一個月的時間，他把多年來賺的二億元賠光了，還負債累累，從住豪宅變成租房子，每個月三萬元的房租到期，他對太太說要出去提款，其實是去向朋友周轉，有時候調不到錢，整個晚上都不敢回家。但他並沒有就此離開市場，他熱愛做股票，而且不知道除此之外他還能做什麼。

實力不夠，才會再賠回去

我問他，後來還敢用丙種墊款嗎？他說：「當然敢！」剛破產時，他急著翻本，而且認爲「不可能更衰了」，但沒有人肯借他錢，不過這倒給了他一個冷卻的機會。他發現，自己的操作技巧和心理素質都還有待提升，不該一下子做很大，而是應該隨著實力的提升，才逐步放大操作倍數。等到靠著合法的融資再展雄風，營業員又主動幫他找來了金主。

經歷了民國七十九年的萬點大跌，他徹底證明自己禁得起考驗。他說，九二四的大跌像山崩，說垮就垮，根本來不及跑；而民國七十九年的大跌，充其量只是土石流，如果功力夠的話，還是看得出警訊。

聽完他的話，我一直在想：股價在大跌前眞的有跡可循嗎？直到學了技術分析，我才相信，除了極為罕見的突發大利空外，沒有「大跌前會不會有跡象」的問題，只有「在跡象出現時，你看不看得出來」的問題。

例如，回顧民國七十九年，指數自一二六八二點大跌一萬點，也不是直線的跌破萬點，而是在觸頂後盤跌了五周，才加速大跌，這是因為主力一時之間股票也出不掉，所以只好硬撐，而市場人氣也還沒潰散。我們最遲應該在大盤周線以長黑跌破代表季線的十三周均線，而且同時跌破盤跌五周來的近期底部時減碼，這時還可以賣在一萬一千點左右。

「玩多大」是一種習慣，習慣就好

我想，既然股價在大跌前幾乎都有跡可循，如果趨勢翻多，我就不該因為忌憚突發大利空而不敢大幅擴張信用，而只須在股價走勢出現疲態或跌破重要支撐時再減碼。我秉持這種「用財務槓桿搶錢」的觀念，卻在民國八十一年九月在擴張了五倍的信用後，因當時的多頭總司令翁大銘被收押，而一度破產。

雖然在我破產後，股價很快又漲回來，我化險爲夷，但之後不要說不敢再用高倍數的融資，即使用自有資金在玩，我甚至不敢抱太多股票過夜。

民國八十一年底，我任職的投資公司總經理突然請辭，頓時蜀中無大將，我從原本操作公司一成額度的五百萬元變成操作五千萬元，心裡非常惶恐，向一位前輩請益。

他告訴我：「對投資公司而言，五千萬元的資金算是小本經營。人沒錢時，一定要敢冒險，當機會來了，你一定要利用融資搶錢。」

我聽了嚇一跳，我正愁公司的資金太多，一旦做融資，豈不是要承擔更大的責任？而且，只聽說散戶做融資，哪有法人做融資？何況，我個人的資金才在兩個多月前因爲玩太大而破產。

很少人像我在破產後還敢用高倍數融資

但仔細回想，我之前破產是錯在大盤漲勢還沒形成，我卻做高倍數的融資。我預設立場，覺得指數在跌了一萬點後，已整理了近兩年，打底打得夠久了，在指數還沒站上六十日線、趨勢還沒翻多前，就急著大舉進場，「擴張信用」本身並沒有錯。

我還想到，我每天辛苦的做功課和看盤，出道五年才略懂操作，而且，做股票是類似於「三年不開張，開張吃三年」的行業，很可能要每隔好幾年才會等到一次大行情，這時，不管是我公司或個人的部位，如果因為害怕再度失敗而不敢擴張信用，絕對不符合經濟效益。我決定要再用融資，而且個人的部位還要用很高倍數的融資，但是要結合技術分析和資金管理，隨著大盤漲勢逐漸明朗才分批往上加碼。

說來也很幸運，在我獨挑大梁沒幾天，觸底後整理了兩年兩個多月的股市，展開大多頭行情。雖然我不敢一下子跳太多級，但我學習一級一級地適應更高的部位；雖然隨著自己操作得更加熟練，如果我操作的額度停留在以前的水位，也會因爲不能自我突破而若有所失，但我還是想像不到，自己竟然玩到那麼大。

就公司的部位，我在原來下單券商的融資額度做到爆後，再到另一家券商開戶，融資額度又多出來了。民國八十二年大盤漲幅八成，我用五千萬元的資金，靠著融資，讓自己的正確程度增爲兩倍半，替公司賺了一億元。

就我個人的部位，因爲在民國八十二年初我的資金大約只有一五〇萬元，也沒有財產可以拿去抵押借錢，由於強烈看好行情，我還嫌券商提供的融資槓桿倍數不夠大。我以年息一五％左右的高利向銀行借了五十萬元的信用貸款，把所有的錢投入股市後，再用日息萬分之六．五的高利，拿股票質借，買了我淨資產六～七倍、超過一千萬元市值的股票，並隨著帳面價值的提高和獲利的實現而愈滾愈大，在接下來的大多頭行情中，讓自己的正確程度發揮到極致。

指數常會提前反映隨後發生的重大財經事件

自民國八十二年起，當我全力做多，只有在民國八十八年碰到九二一大地震的突發大利空時股票賣不掉。但當時指數在大跌幾天後，橫向整理了三個月，還是走回它原本的上漲軌道，而且很可能是因爲浮額清洗得夠乾淨，之後急漲了二千六百點，漲抵一〇三九三點，比九二一那個月的高點八四一二點，還多漲了近二千點（見P.340的圖）。

我雖然也曾在民國八十九年和民國九十三年兩次總統大選揭曉後的暴跌當中受重傷，但這兩次都不是純粹的突發大利空，而是比較接近一翻兩瞪眼的選舉攤牌。記得在第二次押錯邊後，一位市場前輩告訴我，「做股票久久長長，賺錢的機會多的是，何必去賭一個勝負各半的機會！」

如果我在具有相當勝算時才大買，而不是像那兩次總統大選時讓操作淪爲賭博，我都不會受重傷，即使是爆發金融風暴的民國九十七年，我也沒賠到錢。我更確信，絕大多數的大利空，尤其是財經面的，都不會在指數漲到最高點附近時爆發，而是在發布之前，有關人士會先在枱面下運作，於是技術面會領先下跌。

比如說，一家大型金融機構在倒閉前，會四處討救兵，會售股求現，這造成了股市技術面的變化，於是就有愈來愈多的人警覺到有些事很不對勁，而加入賣出行列。在利空醞釀的這段時間，指數會先盤頭，我就可以根據技術線形減碼。例如，在民國九十七年六月中旬台股指數跌破六十日線而且六十日線角度下彎，趨勢翻空，當時還可以賣在八一〇五點，但等到同年九月十五日傳來雷曼兄弟聲請破產保護，指數已來到六〇五二點。

讓你不舒服的事，可能就是讓你成長的好事

我覺得，我們只須稍具基礎就可以做融資，而不必等到很厲害，因爲

「做融資」也是讓自己功力升級很重要的一環。就我認識的人當中，不用融資做股票的人，不可能對投機或股市懂太多，都不會太厲害；而且，在股市大賺的人比起小賺的人，並沒有厲害多少，但這些大贏家的共同點是，他們在有把握股價會發生大波動時，敢大手筆進出。

融資額度可以備而不用，但做融資一定要成爲我們的選項之一，尤其當我們的資金不多時，可運用資金的空間大了，自由度增加，更容易操作。做了融資，不意味我們忽略風險，反而是在漸進地承受比自己所能承受的還要大一些的壓力後，我們會更注意風險，在看盤時更加專注，對盤勢會更加敏銳，而把資金調度得更有效率。等資金變充裕了，我們就不一定要再用那麼高倍數的融資。至於要賺到多少錢才不再那麼衝，這要看你的金錢藍圖是設定在一千萬元、一億元、十億元，還是更多。

懂得操作後，我發現股市中意外情況發生的機率，比我還是新手時所想像的低很多。像民國七十七年因復徵證所稅而導致股市崩盤的事，沒有人知道會不會重演，但在那次事件後，我的朋友當中，有的人從此淡出江湖，有的只敢當天軋平，沒賺到什麼錢，但也有人靠著融資，到民國一○○年底，賺到比證所稅事件前的獲利高點還超過一百倍的錢。因此，即使爆發像九二四證所稅事件那樣可怕事故的可能性總有一點點，但我們不能因噎廢食。

何況，股市不只有突發大利空，也有突發大利多，但我們不是要去賭這些無法預測的利多和利空，而是要根據可能性來下注，這樣一來，在運用融資後，雖然績效波動會更激烈，但往往指數還沒創近期新高，我們的獲利卻已創歷史新高。

玩大玩小，要收放自如

「安全感」除了造成我們買來買去就那幾支熟悉的股票、只敢買本益比偏低的股票，或不敢獨立決策，還造成我們不敢玩太大或不敢玩太小。

由於我習慣做多，到後來，我的問題不在於不敢玩太大，而在於不敢玩太小。當行情翻空，每當持股市值從最高點減碼到剩下五成，我減碼的速度就變慢了。雖然持股的比率不高，但因爲我愈玩愈大，如果行情續跌，賠起來也很可觀。

因此，我學習讓自己持股部位的落差更大。我告訴自己，在行情走空時，固然不可能極端地一下子從全力做多變成全力放空，但也不能因爲已減碼過半而放慢腳步，而是應該隨著線形偏空程度的逐漸明朗，逐步讓手中的淨多頭部位趨近零，甚至純粹做空。

股票族最大的矛盾就是不敢玩太大，卻在股票漲上來後怪自己買太少。很多人不敢用融資，認爲這樣比較保險，但我覺得用了融資，即使破產也並不會比錢很少糟糕太多。在股市，有實力就能賺到一些錢，能賺到一些錢，就能賺到大錢，運用融資是讓我們從賺小錢到賺大錢的跳板。就像在ＮＢＡ，一位球星好不容易贏了一次總冠軍後，因爲競爭心和競爭力又提升到了另一個檔次，往往會贏更多次，例如在奪得六次總冠軍的喬丹退休後，近十四年來，分屬不同球隊的布萊恩、鄧肯和韋德，各贏得五次、四次和兩次總冠軍；我發現如果我們做融資而嘗到一次大賺的機會，就會想再嘗更多次，胃口也會愈來愈大，而通常第二次大賺要比第一次來得容易許多，因爲我們的抗壓性和技術都變得更強大了。

第20課 跌時迅速減碼

贏家在跌勢形成時，先賣股票再說，要是賣錯了，等股價重返六十日線再考慮買回來

輸家在跌勢形成時，對自己說「等跌勢更確立再賣」，等跌勢更確立，他依然這麼說

我們常說：「漲時重勢，跌時重質。」「漲時重勢」這句話沒什麼爭議，但我認爲「跌時重質」這句話是根據「投資」而不是根據「投機」的觀點。投資客在股票投資價値浮現時不會賣股票；而投機客在跌勢形成時先賣股票再說，不僅要出投機股，也要出績優股，不僅要出弱勢股，也要出強勢

股。

就我個人的經驗，底部快浮現時，很多人都在問：「台股還有救嗎？」反之，頭部快形成時，我們最常聽到的是「美股的本益比比台股的高很多」。我的一位超級理專朋友告訴我，當她的客戶紛紛存定存、買保險時，股市的底部就快到了；等這些客戶又嫌定存和保險的利息低，解約去買股票或股票型基金，股市已接近頭部。

有些時候，大盤在之前已經漲了一大段後，還在漲或處於盤整，我也還在做多，卻賠了差價，通常這時跌的股票比漲的股票還多很多，而漲的股票大多是權值股。我體會到，在指數大漲後，操作難度升高的背後，經常意味著大盤漲勢已經到了尾聲。

當多頭勢如破竹，突然指數爆量出現長黑或長上影線，因爲指數離最高點有一些差距，多頭開始擔心線形會做頭。尤其是當天指數一度大漲，收盤卻是大跌，投資人從大賺到大賠，更常是氣勢變弱的轉折點。就像在

NBA的比賽中，在最後五分鐘還領先十五分的球隊（如二〇一一年總冠軍賽第二戰的熱火隊），被逆轉後，不僅輸掉一場比賽，氣勢也轉弱了，常從此持續低迷。

沒賣在最高價才正常

出現長黑或長上影線的警訊時，如果我們沒減碼，等跌勢更明朗，我們還是可以賣，但我們總想到，「之前的更高價都沒賣了，現在怎麼賣？」有人還會引用教科書上「如果指數回檔不到之前漲幅的三八・二％，仍屬強勢」來安慰自己，但等到指數眞的回檔三八・二％，更賣不下手了。

爲了避免因爲沒賣在最高檔而耿耿於懷，影響了操作的節奏，在大盤大漲後，當日K線可能出現第一根長黑或長上影線時，無論如何我都會減碼一些，即使是賣在當天的低檔，尤其當指數離六十日線的初步支撐距離還很遠時。

但習慣了多頭的漲勢，我難免失去戒心，當大盤拉回時，我即使減碼，數量也不會太多，隨著盤勢翻空逐漸明確，我被迫往下減碼，尤其當指數在大漲後跌破六十日線；如果指數接下來站不上或站不穩六十日線，以至於六十日線的角度正要轉而下彎時，我會更小心。

就算搞不清楚後市，我也會隨著整體獲利的下滑而降低持股比率，替自己留一點喘息的空間，尤其當指數下跌而離最高點有一段距離時，我更積極減碼，雖然售價變低了，但這時指數比較不容易再創新高，原先的多頭走勢出現疑慮。

我先從盤中走勢最弱的股票中，過濾它們的線形，通常這會是原先漲得超過本質太多的股票或當時出現利空的股票，但我讓盤勢告訴我。即使這些弱勢股不久前公布的基本面相當亮麗，或公司派對未來的營運很看好，但因爲利多已反映在股價上，而且持有者可能隨便賣都賺很多，潛在賣壓可觀，所以我還是照賣不誤。萬一這些股票在我賣出後看回不回，我再考慮回補還不遲。

線形上的弱勢股包括：跌幅較大的股票、下降趨勢線角度較陡的股票、率先跌破同期低點或同期支撐（如六十日線）的股票，或大盤反彈時漲幅較小，甚至逆勢下跌的股票。

在跌勢中要迅速減碼，要有以下兩點認知。

第一、趨勢凌駕於基本面。當大盤趨勢往下時，「股價會不會立刻再跌」才是投資人最主要的考量，因爲投資人買股票是爲了賺錢，不是爲了少賠。而優質的股票不是不會跌，只是跌得比較少，何況，當投機股大跌後，績優股因爲跌幅少，大家比較賣得下手，反而成了變現的提款機，因而補跌。即使這時候還在砍績優股的人，也認爲它的股價已屬合理，但他們堅信還有更低價可以回補。

一旦某支個股的線形翻空，如果我們還執著於該股的本益比已經跌到十倍以下，或遷就於大家都已經知道的其他基本面的優異數據，雖然我們不賣，但因爲空頭市場的接手很弱，只要有人殺出，股價照樣大跌。

大盤剛開始下跌，我們哪一次沒從媒體上看到「先蹲後跳」、「這只是多頭市場中的回檔」或「長線足以保護短線」的報導？等到大盤中線的線形翻空，我們從媒體上看到的是「大盤長線陷入整理」的中性報導。媒體的報導總是慢半拍，等媒體看得很壞，通常離底部不遠了。

第二、不要因股價跌幅已深而賣不下手，甚至買進。這時，我會告訴自己，在大盤跌勢初期，我對跌勢半信半疑，要不是這些股票接下來的跌幅擴大，我怎能確認它們的頭部已經形成了呢？雖然股價愈賣愈低，但我會安慰自己，之前我也有股票賣到相對高檔；雖然持股比率愈來愈低，但我不太擔心大盤重啟漲勢後會少賺，因爲隨著大盤反壓逐漸降低，對行情已不必抱著太大希望。

賣掉股票後，如果股價續跌，我們不能只因爲有了差價或覺得股價變便宜了就回補。民國一〇〇年，有一天我聽一位股票做得很好的阿姨談起，她在半個月前，當智原由波段最高價六十五・四元跌破近期底部五十六・五元時出場。在聊天當時，智原已跌到四十七・二元，我問她，現在有了明顯的差價，會不會考慮回補？她用台語反問我：「股票在落，我擱去買？」後來，智原急跌到三十九・八元。

此外，如果這些做頭的股票在前一波的漲勢中相當風光，我們也必須盡快忘掉，因爲曾大漲過的股票通常籌碼已亂，多頭若硬要再度拉抬，需要花上好幾倍的力氣，不如等行情落底後，另尋久被遺忘、籌碼穩定而且題材應景的標的。因此，經過重大轉折後，主流股經常重新洗牌，每一波行情都有新的主角。而且，因爲等下一波反彈或回升時，我們才知道誰是強勢股，所以在跌勢中，不如先抽回現金，到時候再伺機轉進強勢股。

迎新，不要懷舊

對於少數已經在高檔大幅減碼或新進場的法人而言，因爲銀彈充足，

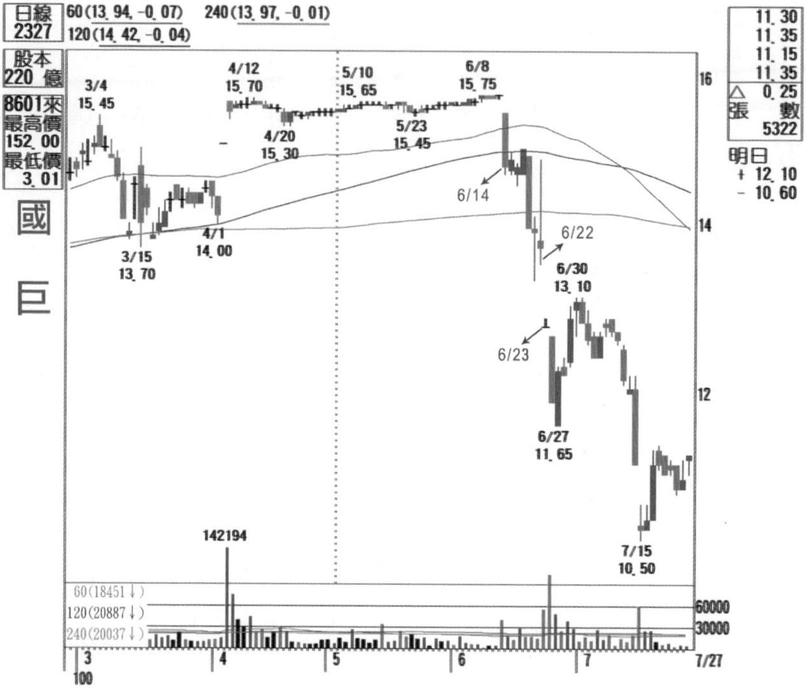

他們不一定會等底部浮現後再部署。當他們認爲「指數低檔有限」或「投資價值浮現」時，就會分批承接優質股票。但對於購買力有限的我們，很容易拉高持股至滿水位，因此不要以爲「都跌成這樣了，還能跌到哪裡」而進去摸底，最好是等到大盤由跌變漲才進場，因爲超跌是市場的常態，谷

底之下還有深坑。

在看空減碼的過程中，如果我們的持股在之前的多頭市場，幾乎未隨著大盤上漲或反彈，我們常認爲「抗漲就能抗跌」，因而失去戒心。事實上，這些抗漲的股票，裡頭一定有什麼不對勁，一旦大盤轉弱，它們很容易率先破底，引來追殺賣壓。

當股價剛猛烈的拉回時，可能是一段跌勢的開始，這時，有的人會用「雖然有人賣但也有人買」來壯膽，而沒有賣股票。但股價之所以出現長黑，就是因爲賣壓比買盤強很多，這時賣方手上可能還有很多股票要賣，而且非賣不可，而買方通常只是抱著搶短的心態，不管搶不搶得成，今天的買盤很可能是明天的賣壓。

除了陷在「有人賣就有人買」的迷思中，我們還常往好的方向想，而在線形出現賣點的時候沒有賣。例如，民國一〇〇年五月，我買了六百張的國巨，準備等收購案通過後套利。當傳來此案較預定通過的時程延長一個月時，透露了事有蹊蹺，但大家仍傾向認爲結局將是美好的，股價持續在十五．五元左右盤整。六月十三日，金管會對國巨收購案提出疑慮。隔天，國巨以十五．五元開出，還開在平盤價十五．七五元附近，雖急殺到十四．六五元跌停價，當天並沒有以跌停叫出作收，而是收在十四．七五元，成交四萬多張，如果想賣還賣得掉（見 P.320 的圖）。雖然個股在大漲後出現第一根長黑是賣出訊號，尤其這根長黑也同時跌破六十日線，但我安慰自己，「雖然金管會不准，但最後的決定權在投審會」、「國巨最壞也不會跌破收購案還沒揭露前的起漲點十三．七元」，所以只賣了一百張。

股價不合理是因爲投資人不理性

六月二十二日，投審會審查國巨的收購案，十八位委員以「收購價明顯偏低」等理由，全數予以駁回。隔天，國巨跳空跌停，領先指數跌破十三．七元的近期低點，M頭形成，我應該減碼才對，但我還念念不忘差一點就可以賣在十六・一元收購價，下不了手。

我很納悶，爲什麼在公司派宣稱基本面並未改變的情況下，國巨會輕易地跌破十三・七元？而且，私募基金連十六・一元都敢買了，爲什麼公司派不趁著大跌時買回去？我想，或許，國巨在收購案公布的更早之前，消息靈通人士就開始吃貨，股價已先漲了一段，所以後來才會輕易地跌破收購案公布前的十三・七元起漲點；或許，牆倒眾人推，超跌在股市本來就很常見，而就算國巨公司派要回補，也不必急在一時。結果，國巨急跌至八・二二元。

我慢慢知道，由於以下幾個原因，跌時經常跌過頭。一、已進場的人每買必套，都賠到沒錢買股票了。二、原來觀望的人看到別人賠錢也嚇得不敢進場。三、在贖回壓力下，法人連那些所謂物超所值的股票也不得不拋售。四、媒體在頭版唱衰股市。五、融資或期指出現斷頭賣壓，助長了空頭的氣焰。

所以，這時候我要牢記台灣諺語所說的：「日頭赤焰焰，隨人顧性命」，先賣先贏；並牢記「未離開賭桌前不算輸」的道理，把眼淚擦一擦，「待從頭收拾舊山河」。

常聽人憤憤不平地說，「股價跌得不合理了！」他們指的是「景氣沒那麼差」。但歷史告訴我們，股市總是在極度樂觀和極度恐慌之間擺盪，在每次不理性的大漲之後，市場往往是用不理性的大跌來自我糾正，我們很難期待市場能夠平緩地探底。多頭走勢時，支撐就是撐，反壓不是壓，所以有的老手主張這時候要「看撐不看壓」，這樣才敢一路做多；空頭走勢時，支撐就像是紙糊的，股價才剛反彈就像撞到牆，所以有的老手主張這時候要「看壓不看撐」，這樣才敢一路做空。

不要因爲覺得股價便宜（或昂貴）就買進（或賣出）

從《亞當理論》這本書中，我看到這樣的一段經典故事：史洛門有幸跟隨一位叫作威廉的偉大操作者學習。有一天下午，史坦普指數一直橫向盤旋，突然在五分鐘內跌了五十點，這時，威廉放空三十口。接下來五分鐘，指數再跌五十點，威廉放空六十口。市場像洩了氣的氣球，又狂跌一百點，接著稍微回升。這時史洛門覺得市場看起來相當便宜，正在找理由買進，而且把自己的想法講了出來。威廉火冒三丈地看著他。

「你瘋了不成？指數剛剛在幾分鐘之內跌了二百點，而你卻想要去買？」威廉說。

「難道在這個地方，你還要賣嗎？它已經跌了這麼多了。」

「沒錯，」威廉說，「就是這句話。」

一轉眼間，市場又跌破低點，再開始一路走低。一分鐘內，威廉又抱了六十口空單。多頭軍心渙散，市場又跌一五〇點，然後拉回，威廉於是平掉他的空倉。短短半小時內，他賺了約五萬美元。

「好吧，」史洛門有點喘不過氣來地說，「我問你一個笨問題。市場要跌到多深，你才準備做多？」

威廉以一臉不敢相信的樣子看著史洛門。他說，「只要它還會再跌，爲什麼我要去買？」

「但是已經那麼便宜了，跟半小時以前相比，它便宜了三五〇點。」

「忘掉便宜兩個字，忘掉昂貴兩個字，只要看螢幕上的數字就可以了。」

史洛門不死心，要打破砂鍋問到底。「如果它繼續跌下去，是不是可以找到你願意買進的點。」

威廉以無比堅定的眼神看著史洛門，終於開口說話，「如果它一直跌下去，我會賣到它跌到零爲止。」

「如果是上漲的話，」史洛門說，「如果它漲個不停，你會一直去買它——永遠買下去嗎？」

「永遠買下去；如果它漲個不停，我會買到它升抵月球爲止。」

……

我永遠不會忘記那幾句話：**忘掉便宜兩個字，忘掉昂貴兩個字，只要看螢幕上的數字就可以了。**

這個故事隱含的另一個啟示是，當盤中股價突然猛烈地拉回時，不要只因爲股價變便宜了而去買，這時通常應該賣，因爲多空均勢已被打破，空頭占了上風，行情很可能續跌，如果要承接，至少要等跌勢緩和，比如說五分鐘K線拉出長下影線，最好是等築底完成後再說；同樣的，當盤中股價突然猛烈地往上拉時，通常宜買不宜賣。

訴諸情勢，而不是訴諸情緒

值得一提的是，雖然在跌勢中，我們要有濃厚的賣股票心思，但也不是毫無根據地一路往下賣。像故事中的威廉在急跌了二百點後，等小幅反彈，然後再破底時才加碼放空。如果我們在股價跌破重要支撐時已大幅減碼，就比較不會在隨後又大跌一段時，才因爲情緒上的恐慌而去追殺。問題是一般人該怕的時候不怕，不該怕的時候卻告訴自己，「把股票賣一賣，當作沒發生過這件事。」

例如，民國一〇〇年八月五日，台股因美債風暴大跌四六四點，隨後兩個交易日最多曾又跌了七〇五點，最低跌到七一四八點，但我們可以避開這次急跌（見 P.20 的圖）。因爲在這次急跌之前，台股已自民國九十七年十一月的三九五五點上漲到一〇〇年二月的九二二〇點，大漲了五二六五點，隨後指數沿著六十日線上下盤整；在一〇〇年六月十三日跌破六十日線後，指數再也站不回六十日線，而六十日線的角度緊接著轉而呈現下跌的趨勢，原先的多頭趨勢很可能改變，持股已不宜太多；等一〇〇年八月四日指數以中長黑跌破近期沿著六十日線上下盤整的八四一〇點低點，也是一個明確的賣點。隔天，才出現那根四六四點的長黑。

有的人不但沒有在八月五日之前減碼，在八月五日當天指數以長黑摜破頸線所在的八〇七〇點時也沒減碼（見P.340的圖），卻在兩個交易日後因爲恐慌，於八月九日殺在波段低點七一四八點附近，錯過了接下來七〇〇多點的反彈行情。

當行情突然重挫，很多人不敢置信，紛紛問別人，「有什麼消息？」但有時候，突發的大跌是沒有理由的，何況，跌都跌了，要如何應對才重要。有別於藝術品或房地產，股票容易變現而且賣掉後不難再買個一模一樣的回來，因此，我們在交易時更不應該拖泥帶水。問題在於一般人每年進出股票的次數屈指可數，在應該殺股票時，身手已經生鏽，而動彈不得。所以，即使在行情不好時，我們也要小量進出來培養手感，讓下單像吃飯、喝水那般自然。

第21課 在跌勢中，先賣先贏

輸家在行情翻空時總有各式各樣不賣股票的理由，
所以長期住套房
贏家做股票像住旅店，該退房時不留戀

趨勢向上時，投資人最重要的是要有爆發力；趨勢向下時，投資人最重要的是要保留實力。當行情直直落，持股比率如果一直居高不下，任誰也無力招架，這樣的堅持便成了偏執；反之，如果能在落居下風時收回一部分資金，日後才能進場撿便宜。

以前，在盤中看出情況不對，我如臨大敵般地緊盯著報價螢幕，心臟像要跳出來，大腦一直叫我「趕快賣」，我從第一支持股掃描到最後一支持股，又從最後一支持股掃描回到第一支持股，因爲不知道要賣哪一支，所以一張都沒賣。

就在拿不定主意之際，看到情況不對的人更多了，紛紛加入賣方的行列。等跌勢加快，我又忙著算計「現在已賠了多少錢」、「如果早賣掉可以少賠多少錢」，心亂如麻，只能祈禱股票趕快漲回原本我想賣的價位，好讓自己得到救贖，但市場總是不會那麼仁慈。

《史記》上說：當斷不斷，反受其亂

有時，當指標股或手上的持股即將跌停，我的焦點全集中在該股，我祈禱它能有所轉機；等該股跌停鎖住，我又寄望它能趕快打開跌停。就在我密切注意它的跌停掛出張數是否減少的同時，手上的其他股票像互相傳染一樣，一支接著一支跌停。

此外，我們在該有所作爲時卻袖手旁觀，還包括以下幾種常見的情況。

1. 大盤一開盤就趴下。我們看不下去或不敢看，索性跟著趴在桌上。甚至，只要前一晚美股大跌，還沒開盤，有的人對當日的台股就「隨它去」。

2. 大盤跌深反彈，我們的持股卻逆勢下跌。我們覺得很洩氣，也不去思考是否該減碼這些弱勢股。

3. 股票一買就套。即使是還有賺的股票，如果我們在相對高檔想賣而沒賣，往往再下滑個二、三個百分點，我們就賣不下去了，尤其當股票快跌停時。甚至，我們意識到波段跌勢似乎才正要開始，竟還想等到下一波漲勢來臨再賣。

4. 在主要持股跌停賣不掉或大跌一段後。我們因爲覺得「賠那麼多都在賠了」，已沒有心思去管其他小部位持股的死活。

5. 開盤前我們的持股出現大利空。我們嚇呆了，也不去思考是否該在開盤前用低價先殺出一部分，以至於如果股價一開盤就暴跌，我們常來不及因應。

6. 陷在冷門股裡。我們雖然想要賣，但從「上下五檔委買委賣」的資訊中一看，買盤掛在目前成交價之下的好幾檔，掛的量也只有幾張，我們一殺就把價位殺下去了，乾脆不賣。但往往你不賣，別人也會賣。

後悔＋期待＝一連串錯誤

我們常在買進股票後就等著它上漲，習慣往上賣或有賺才賣；一旦賠錢，我們就繼續觀望，甚至索性去做別的事來轉移注意力，眼不見爲淨，或以爲過一會兒回來，情況就會好轉。

一位朋友回想起他股票套牢的過程。他說：「一買就賺了一些，等大幅加碼後，股價卻下跌。有時急跌個幾元，我很緊張；接下來又反彈個一元，我又放心了。突然市場或手上的股票傳出大利空，股價應聲大跌。只要跌幅超過兩成，因爲不賣了，所以就不看它的股價；不看之後就完了。」

除了成本觀念作祟，在跌勢中，我們不賣股票的理由，常是因爲我們往好的方向想，比如說想到這家公司現金殖利率有多高、每股淨值遠高於市價、擁有價值不菲的土地、今年以來每股已賺了多少元……。然而，這些事全世界都早就知道了。

此外，我們該賣而不賣的理由，還包括我們認爲政府會護盤，或告訴自己「不缺錢」、「要做長線」、「等跌更低再加碼攤平」、「雖然有人賣，但也有人買」，以及我們想等跌勢更確立再賣，或想等股價反彈上來再賣。

市場的變化太快，而投資人的反應總是太慢

有時，指數突然暴跌六百點並跌破六十日線，很多人都在問，「該怎麼辦？」但大家對原先的多頭行情依然戀戀難捨；反彈時，大家的精神爲

之一振，雖然，反彈的幅度連跌幅的一半都不到，指數站不回（穩）六十日線，大家卻開始一片看好之聲，但股價總是又破底。

奇怪的是，在行情醞釀止跌回升的關鍵點上，當盤中略有起色，我愈是期待「如果這樣收盤該有多好」，結果殺盤的機率愈高。我想，我當時的期待正反映了潛意識中的恐懼，而且，自己的期待和恐懼也正是一般投資大眾的期待和恐懼；然而，來自特定法人的賣壓卻總是傾巢而出，硬生生澆熄了多頭反撲的氣焰，讓大家「一致的期望」化為「一致的失望」。

對我而言，股票下跌的過程就是一段段後悔的歷程。我希望自己未曾買過這些賠錢貨，責怪這些公司為什麼不護盤，責怪那些還在倒股票的法人「太超過」，更自責之前逃命的機會那麼多，為什麼一再錯過？我到處打電話找朋友聊天，碰到股票和我一樣嚴重套牢的，我備感親切，尤其聽說某某名人也在這一波受傷，更讓自己感到安慰。但這樣的互相取暖只能麻痺一時，我並沒有先止血，以致情況愈來愈惡化。股價跌愈深，我愈難抉擇，賣也不是，不賣也不是。

被套，然後等著解套？

有一次，我向一位前輩訴苦，他卻劈頭就說，「股票又不是你的情人，幹麼緊抱不放？」這番話乍聽之下非常刺耳，但等到心平氣和後再回想，卻十分受用。的確，雖然我不能改變外在環境，但我可以逃啊，又沒人規定一定要做多。

受夠了空頭市場的折磨，我學習改變自己。在看出不對勁時，我一改之前「再等一下」的習性，不再等股價反彈到某個價位再賣，而是強迫自己在看空時，在當時的價位先賣一部分；雖然，我也會在心目中理想的反彈價位掛出一部分，不過會存有「這很可能賣不掉」的心理準備，以免一廂情願。

比如說，股價剛跌破重要支撐，如果我在第一時間來不及減碼，我不會等股價彈回支撐附近再賣，我先在目前的價位賣一些，然後在剛跌破的支撐的下一檔再掛出一些。因爲股價不一定能彈回支撐，所以我在該支撐的下一檔所掛出的股票，占我持有該股票的比率不會太高，以便手上有多餘的股票可以視情況機動地減碼。

根據我的觀察，股價跌破重要支撐後，由於很多人都準備在股價彈回支撐時賣股票，所以有時眼看股價就快彈回原來的支撐，卻在這之前的幾檔就舉步維艱，這時，我也會考慮把掛著等的股票改價出脫。

以前我最不習慣在跌停價殺股票，後來卻正好相反。由於我看盤時要兼顧很多資訊，不可能隨時注意到每支持股的每一個股價的跳動，但是當某支持股出現跌停板的符號時，卻強烈吸引我的視線，也最能讓我下定決心出脫，尤其當該股剛開始大跌而且領先其他股票跌停時。

賣股票最重要的理由：股價開始下跌了

我覺得，如果我們告訴自己「等漲回某個價位再賣」，說不定那個價位再也看不到，即使該價位重新回來，除非我們預先在該價位掛出（而且不會臨時改變主意將賣單取消），否則也可能沿襲「再等一下」的慣性，想等股價漲更高一點再賣，但更高價之後，我們還會等「更更高價」。

即使行情跌得再凶，也不會像民國七十七年證所稅事件時，想賣也賣不掉。就算在民國九十三年總統選舉揭曉後的第一個交易日股市重挫，我在開盤前先用跌停價掛出一些股票，開盤後還是有一部分成交，我用回收的資金轉進那些在跌停板附近有強力接手的股票，雖然少賠的金額聊勝於無，卻激發了我的鬥志。

我體會到，重要的是我們在比賽時的態度。當行情跌跌不休，如果我們只是坐困愁城，也跌掉了對自己的信心。因此，我訓練自己，即使心情很差，也要打起精神，做一些賣出或換股的動作，但這些交易不是出於一時的衝動，而是經過合理地評估。動起來後，不僅腦筋愈用愈靈光，那種腎上腺素激增的快感，比起多頭行情時不遑多讓，鼓舞我拾回再戰的勇氣。

賣了第一筆，就會再賣第二筆

萬事起頭難，先起個頭賣出一些，自然而然會產生一股賣股的「拉力」，然後一筆接著一筆，愈賣愈順手；而且，在全神貫注思考要怎麼做之際，就沒時間後悔或胡思亂想了。我發現在股市，最令人焦躁的不是「已經賠多少」，而是「還要賠多少」。如果沒有認賠，錯誤的感覺會如影隨形纏著我；但如果認賠，我如釋重負，隔天就忘了虧損這件事，一切重新開始。

從「捨不得賣股票」到「知道要賣股票」只是一個開頭，更難的是如何在跌勢初期就大賣股票。在功力未臻成熟前，退而求其次，我們可以採取分批出貨的方式，來幫助自己下決定。如果減碼後股價漲上來，我們還

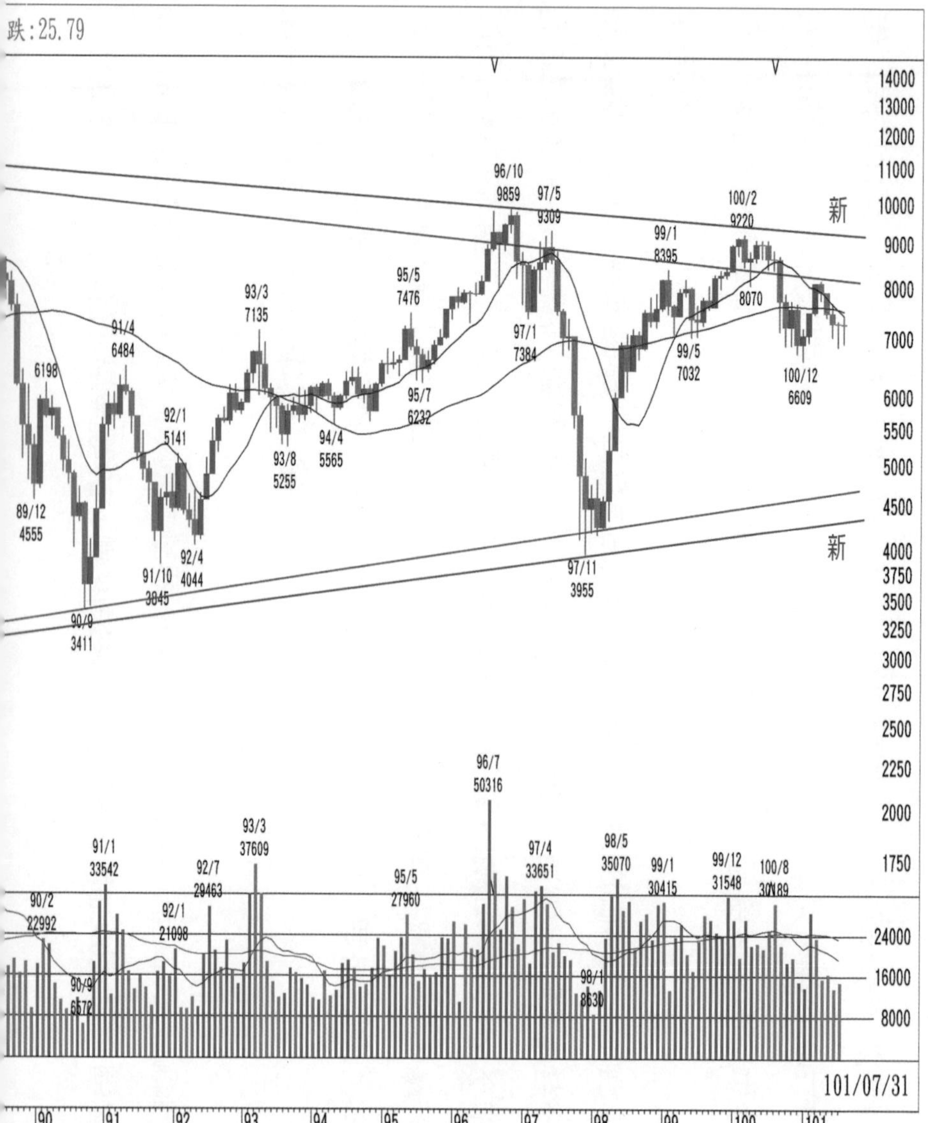
跌:25.79
96/10
9859
97/5
9309
100/2
9220
新
99/1
8395
95/5
7476
93/3
7135
8070
91/4
6484
97/1
7384
99/5
7032
6198
100/12
6609
92/1
5141
95/7
6232
93/8
5255
94/4
5565
89/12
4555
91/10
3845
92/4
4044
97/11
3955
新
90/9
3411
14000
13000
12000
11000
10000
9000
8000
7000
6000
5500
5000
4500
4000
3750
3500
3250
3000
2750
2500
2250
2000
1750
96/7
50316
93/3
37609
91/1
33542
97/4
33651
98/5
35070
92/7
29463
99/1
30415
99/12
31548
100/8
30189
95/5
27960
90/2
22992
92/1
21098
90/9
6572
98/1
8630
24000
16000
8000
101/07/31
90
91
92
93
94
95
96
97
98
99
100
101

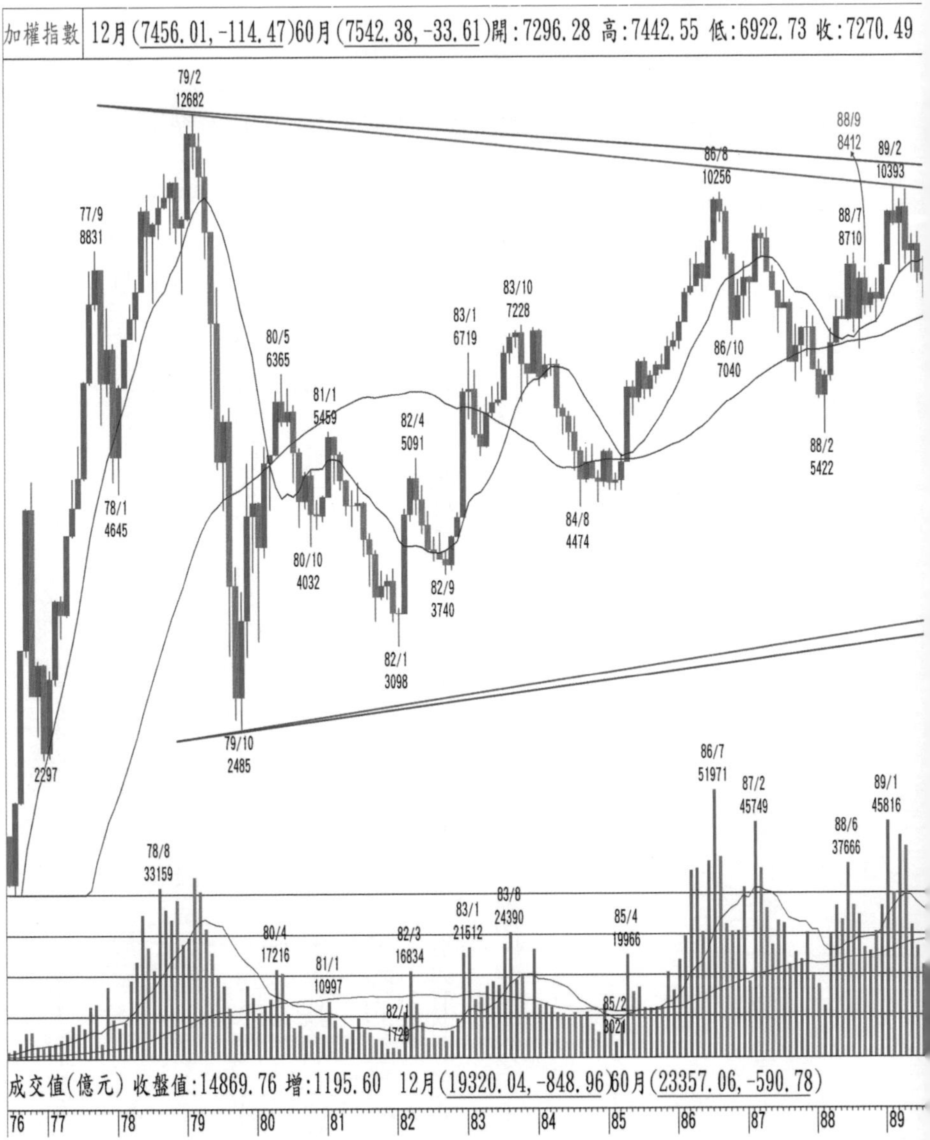
加權指數 12月(7456.01,-114.47)60月(7542.38,-33.61)開:7296.28 高:7442.55 低:6922.73 收:7270.49
79/2 12682
77/9 8831
78/1 4645
2297
79/10 2485
80/5 6365
80/10 4032
81/1 5459
82/4 5091
82/1 3098
82/9 3740
83/1 6719
83/10 7228
84/8 4474
86/8 10256
86/10 7040
88/9 8412
89/2 10393
88/7 8710
88/2 5422
78/8 33159
80/4 17216
81/1 10997
82/3 16834
82/1 1729
83/1 21512
83/8 24390
85/4 19966
85/2 3021
86/7 51971
87/2 45749
88/6 37666
89/1 45816
成交值(億元) 收盤值:14869.76 增:1195.60 12月(19320.04,-848.96)60月(23357.06,-590.78)
76 77 78 79 80 81 82 83 84 85 86 87 88 89

有股票；如果減碼後股價持續向下，我們還有資金。何況，如果大盤沒想像中差，我們賣掉手中的持股後，還可以伺機轉進更強勢的股票。

每次大跌，當我分批出貨，我把以往「還持有多少股票」的思惟，變成比較正面的「已抽回多少資金」，把以往「已賠了多少錢」的思惟，變成比較正面的「少賠了多少錢」。抽回了大約七、八成的資金，我的心思不再一面倒的期盼股票上漲，因爲如果指數又持續下跌一成，我的整體資金很可能不會縮水超過五%，等於賺到了指數。我覺得人的心理很奇怪，和大盤的走勢相比，我在跌勢中少賠很多錢時的心情，甚至比在漲勢中少賺很多錢時好很多。

看事情的高度要夠，才能下重手

我還用歷年來走勢圖的月線讓自己的視野更寬廣，以研判大盤目前大抵上是處於長線的相對高檔或相對低檔。台股指數自民國七十一年八月的四二一點漲至七十九年二月的一二六八二點，在七年多漲了一萬二千多點；隨後跌到同年十月的二四八五點，在八個月跌了一萬多點；然後漲到民國八十九年的一〇三九三點，在九年多漲了近八千點；又跌到民國九十年的三四一一點，在一年七個月跌掉近七千點（見P.340的圖）。

接下來，指數從三四一一點漲到民國九十七年的九八五九點，在六年多漲了六千四百多點；隨後跌到三九五五點，在十三個月內跌了近六千點；然後上漲到九二二〇點，在兩年兩個多月，漲了五千二百多點。最近這一波跌勢，指數自九二二〇點初步跌到六六〇九點，在十個月跌了二千六百多點；然後初步反彈至八一七〇點，在兩個半月反彈一千五百多點。

從中，我們可以歸納出三點：

第一、之前漲得愈多，回跌時也跌得愈多；之前跌得愈多，回升時也漲得愈多。像民國七十九年在漲了一萬二千點後，回跌了一萬多點；而民國八十九年在漲了近八千點後，回跌了近七千點。民國九十七年指數大跌近六千點後，回升了五千二百點，而在民國一〇〇年下跌了二千六百點後，只反彈了一千五百多點，這不只是因爲跌得多，彈得高，還因爲這兩次的格局不同。民國九十七年的六千點下跌是主要趨勢，而民國一〇〇年二千六百點的下跌可能是次級趨勢，六六〇九點是否爲中期底部，尚待時間驗證。

第二、相對於漲勢的時間很長，跌勢的時間顯得比較短。雖然市場經過相當時日的榮景才走入蕭條，我們很難期待它能夠很快地走出困境；但就台股的歷史經驗來說，跌勢比漲勢來得凶猛，日K線大跌的機率比大漲的機率還高，而且更容易密集的出現，這相當符合「破壞比建設容易」的道理。

所以說「會賣股票才是師傅」，我們在跌勢中更要果斷。倘若我們在相對短暫的暴跌期間內，損失不要太慘重，在接下來的多頭行情中，即使其漲幅不能塡補之前的跌幅，但因爲漲升期間拉長了，只要我們懂得換股操作，或同一支個股來回操作，卻可以賺回比前一波虧損還多很多的錢。

第三、指數的波段低點愈來愈高，波段高點愈來愈低。指數從早期萬點的漲幅和跌幅慢慢縮小，但波動幅度在近幾年也還有五、六千點。指數低點從二四八五點、三四一一點、三九五五點，逐漸提高；指數高點從一二六八二點、一〇三九三點、九八五九點，逐漸降低到九二二〇點。大盤的下檔支撐是連接二四八五點和三四一一點的**長期上升趨勢線**，在民國九十六年十月起的跌勢中，指數小幅跌破這條線，跌到三九五五點。此後，我們可改以連接二四八五點和三九五五點作爲長期**上升趨勢線**。

大盤的上檔壓力是連接一二六八二點和一〇三九三點的**長期下降趨勢線**，在民國九十七年十一月起的漲勢中，指數漲抵九八五九點，小幅升破這條線。此後，我們可改以連接一二六八二點和九八五九點作爲長期**下降趨勢線**。未來，指數很可能在這長期上升趨勢線和長期下降趨勢線之間波動，如果我們想把波動範圍再縮小一點，上檔先看連接九八五九點和九二二〇點的修正後下降趨勢線。

月線讓我們視野寬廣，日線讓我們看清細部。我們可以用長期上升趨勢線、長期下降趨勢線以及長線高點、長線低點，來界定指數的長線高檔和長線低檔，再配合指數的短中線趨勢，來評估市場適合做多或做空的程度。當大盤處於相對高檔，比如說接近長期下降趨勢線，如果在漲勢中，雖然還是可以做多，但是當轉爲跌勢時，要超級保守；當大盤處於相對低檔，比如說接近長期上升趨勢線，如果在跌勢中，雖然未必不能看空，但是當轉爲漲勢時，要超級樂觀。

系列名稱　投資6
書　　名／《股市大贏家II　贏在修正　不在預測》
作　　者／陳進郎
責任編輯／陳怡甄
校　　對／毛立華
封面設計／黃聖文
發 行 人／謝金河
社　　長／梁永煌
出 版 者／今周刊出版社股份有限公司
地　　址／台北市南京東路一段九十六號八樓
電　　話／（〇二）二五八一—六一九六
傳　　真／（〇二）二五三一—六四三八
讀者專線／（〇二）二五八一—六一九六轉二〇七～二一一
劃撥帳號／一九八六五〇五四
戶　　名／今周刊出版社股份有限公司
電腦排版／天翼電腦排版印刷股份有限公司
印 刷 廠／科樂印刷股份有限公司
總 經 銷／大和書報圖書股份有限公司　電話（〇二）八九九〇—二五八八
初版日期／二〇一二年十一月一日
初版四刷／二〇一二年十二月七日
定　　價／三六〇元

ISBN　978-986-85495-5-5

國家圖書館出版品預行編目資料

股市大贏家II：贏在修正　不在預測／陳進郎著. -- 初版. -- 臺北市：今周刊, 2012.11
面；　公分. -- （投資；6）
ISBN 978-986-85495-5-5（平裝）

1. 股票投資　2. 投資技術　3. 投資分析

563.53　　101019993

謝謝你購買《股市大贏家II》一書。為提升讀者的服務品質，煩請填寫下列資料，寄回今周刊（免附回郵），即可不定期收到本公司相關的出版訊息，以及各種購書優惠。

■你的個人資料

姓名：＿＿＿＿＿＿＿＿性別：＿＿＿＿＿＿＿＿年齡：＿＿＿＿＿＿＿＿

電話：＿＿＿＿＿＿＿＿＿＿＿＿傳真：＿＿＿＿＿＿＿＿＿＿＿＿

mail：＿＿＿＿＿＿＿＿＿＿＿＿＿＿＿＿＿＿＿＿＿＿＿＿

住址：＿＿＿＿＿＿＿＿＿＿＿＿＿＿＿＿＿＿＿＿＿＿＿＿

學歷：□小學　□國中　□高中　□大學　□研究所（含以上）

職業：□學生　□公教人員　□家管　□服務業　□金融業　□傳播業

□製造業　□自由業　□資訊業　□退休　□其他

■你閱讀後對本書的觀感

內容：□ 非常滿意　□滿意　□ 還好　□應改進

編排：□ 非常滿意　□滿意　□ 還好　□應改進

封面：□ 非常滿意　□滿意　□ 還好　□應改進

你的購書習慣

■你從何處得知本書的消息（可複選）

□ 1.書店　□2.網路　□3.報紙　□4.雜誌　□5.廣播　□6.電視

□ 7.親友推薦　□8.其他＿＿＿＿＿＿＿＿＿＿＿＿＿＿＿＿

■你通常以何種方式購書

□ 1.書店　□2.網路　□3.郵局劃撥　□4.傳真訂購　□5.其他

你的理財行為

■過去你曾經投資的金融商品（可複選）

□股票　□基金　□保險　□期貨　□外匯　□選擇權　□債券　□房地產

□認購權證　□其他＿＿＿＿＿＿＿＿＿＿＿＿＿＿＿＿＿＿＿＿

■你希望今周刊提供你什麼樣的理財訊息

＿＿＿＿＿＿＿＿＿＿＿＿＿＿＿＿＿＿＿＿＿＿＿＿＿＿＿＿

＿＿＿＿＿＿＿＿＿＿＿＿＿＿＿＿＿＿＿＿＿＿＿＿＿＿＿＿

填妥後請對摺寄回或傳真至：(02)2531-6438

廣 告 回 信
台北郵局登記證
台北廣字第000878號

郵資已付　免貼郵票

104 台北市南京東路一段96號8樓

今周刊出版社(股)公司　收

請對摺黏貼後寄回

今周刊出版社

今周刊投資系列　書名：股市大贏家 II